Educação Especial
em Debate

EDUCAÇÃO ESPECIAL
EM DEBATE

Adriana Marcondes Machado
Carla Bertual
Cecília Azevedo Lima Collares
Cleuza Beraldo Nora
José Geraldo Silveira Bueno
José Leon Crochik
Júlio Bissoli Neto
Lígia Assumpção Amaral
Maria Aparecida Affonso Moysés
Maria de Lima Salum e Morais
Marilene Proença Rebello de Souza
Yara Sayão

EDUCAÇÃO ESPECIAL
EM DEBATE

**Conselho Regional de Psicologia
6ª Região – São Paulo**

Casa do Psicólogo®

© 1996 Casa do Psicólogo®
É proibida a reprodução total ou parcial desta publicação, para qualquer finalidade, sem autorização por escrito dos editores.

1ª Edição
1997

2ª Edição
2008

Editores
Ingo Bernd Güntert e Silésia Delphino Tosi

Produção Gráfica
Renata Vieira Nunes

Capa
Yvoty Macambira

Editoração Eletrônica
Angélica Gomes Borba

Revisão
Eliete A. de Carvalho

Dados Internacionais de Catalogação na Publicação (CIP)
(Câmara Brasileira do Livro, SP, Brasil)

Educação especial em debate. – São Paulo : Casa do Psicólogo, Conselho Regional de Psicologia, 1997.

Vários autores.
Bibliografia.
ISBN 85-85141-95-6

1. Crianças deficientes – Educação 2. Educação – Testes e medidas 3. Educação especial 4. Psicodiagnóstico 5. Psicologia educacional

97-2495	CDD-371-9

Índices para catálogo sistemático:
1. Educação especial   371-9

Impresso no Brasil
Printed in Brazil

Reservado todos os direitos de publicação em língua portuguesa à

Casa do Psicólogo®
Rua Simão Álvares, 1.020 – Vila Madalena – 05417-020 – São Paulo/SP – Brasil
Tel.: (11) 3034.3600 – E-mail: casadopsicologo@casadopsicologo.com.br
http://www.casadopsicologo.com.br

SUMÁRIO

APRESENTAÇÃO 7

PARTE I

PRECONCEITO E DIFERENÇA NA ESCOLA PÚBLICA

ASPECTOS QUE PERMITEM A SEGREGAÇÃO NA ESCOLA PÚBLICA 13
José Leon Crochík

HISTÓRIAS DA EXCLUSÃO – E DE INCLUSÃO? – NA ESCOLA PÚBLICA 23
Lígia Assumpção Amaral

PARTE II

ENSINO ESPECIAL E LEGISLAÇÃO

PRÁTICAS INSTITUCIONAIS E EXCLUSÃO SOCIAL DA PESSOA
DEFICIENTE 37
José Geraldo Silveira Bueno

LEGISLAÇÃO E SITUAÇÃO ATUAL DAS CLASSES ESPECIAIS NO
ESTADO DE SÃO PAULO 55
Júlio Bissoli Neto

PARTE III

PSICODIAGNÓSTICO E AVALIAÇÃO

AS CLASSES ESPECIAIS E UMA PROPOSTA DE AVALIAÇÃO
PSICOLÓGICA 69
Adriana Marcondes Machado
Marilene Proença Rebello de Souza
Yara Sayão

EDUCAÇÃO ESPECIAL EM DEBATE

RESPEITAR OU SUBMETER: A AVALIAÇÃO DE INTELIGÊNCIA EM
CRIANÇAS EM IDADE ESCOLAR 117
CECÍLIA AZEVEDO LIMA COLLARES
MARIA APARECIDA AFFONSO MOYSÉS

O PROFISSIONAL DE SAÚDE E O FRACASSO ESCOLAR
COMPASSOS E DESCOMPASSOS 137
CECÍLIA AZEVEDO LIMA COLLARES
MARIA APARECIDA AFFONSO MOYSÉS

PARTE IV

RELATIVO DE EXPERIÊNCIAS

SAÚDE E ESCOLA: A EXPERIÊNCIA DE SANTOS 161
CARLA BERTUAL

FÓRUM DE SAÚDE MENTAL 167
MARIA DE LIMA SALUM E MORAIS

ANGÚSTIAS DE UMA ALFABETIZADORA EM CLASSE ESPECIAL 191
CLEUZA BERALDO NORA

APRESENTAÇÃO

Em 1995, uma das demandas mais significativas e preocupantes que chegavam ao Conselho Regional de Psicologia – 6ª Região, São Paulo – estava relacionada à educação especial.

Fosse pela via dos profissionais dos serviços de saúde ou daqueles que trabalham em escola ou consultórios, as perguntas sobre como avaliar e/ou encaminhar alunos para classe especial, emitir laudos etc. nos alertaram para a necessidade de se iniciar um amplo debate sobre o tema. Fazia-se necessário discutir vários aspectos relativos ao lugar que a educação especial ocupa em nosso país e como o psicólogo se coloca diante desta questão.

De início, o compromisso do psicólogo com esse fluxo estava selado em virtude da legislação, que exige, como passaporte de entrada para a classe especial, a avaliação psicológica especificando o nível intelectual da criança.

Naquele mesmo ano, segundo informações da própria Secretaria da Educação, no Estado de São Paulo cerca de 20 mil crianças freqüentavam as classes especiais. Permito-me aqui fazer uma breve comparação com o número de leitos em hospitais psiquiátricos no mesmo Estado: segundo a Secretaria de Estado da Saúde, aproximadamente 20 mil. A defesa pela substituição do modelo hospitalocêntrico é, sem dúvida, uma causa bastante conhecida de luta do Conselho Regional de Psicologia – 6ª Região, talvez muito mais do que era até aquele momento a questão da educação. E sabíamos que não se tratava de uma luta fácil; tratava-se principalmente de uma mudança de cultura que possibilitasse que uma técnica mais ética, humana e eficiente possa habitar o campo da saúde mental. E de repente lá estávamos nós, diante de números semelhantes na Educação, que falam também de exclusão, segregação e pouquíssima contribuição para uma vida mais digna.

Assim, em outubro de 1995, fizemos o I Encontro de Educação Especial, que contou com a participação de mais de 700 pessoas entre psicólogos, estudantes e profissionais de outras áreas. Mais uma vez fomos surpreendidos pelos números, que superaram nossas expectativas de público. Nossos convidados fizeram apresentações marcantes e fundamentais para a reflexão já necessária ao tema.

Foi, pois, com o intuito de contribuir para que o debate se mantenha presente em cada um de nós que decidimos publicar este livro. Num primeiro bloco, os autores discutem o preconceito e a diferença na escola pública, denunciando a negação das diferenças dentro do sistema educacional e mostrando que a forma como se deu a educação no Brasil, desde os seus primórdios, pouco mudou.

Após uma reflexão teórica, portanto, já com elementos para introduzirmos a situação hoje, entramos no ponto sobre ensino especial e legislação, ou seja, as bases legais em que está colocada a educação e o acesso a ela na atualidade. Os autores apresentam importantes informações sobre a legislação vigente, como ela vem sendo utilizada e o tipo de avaliações que têm sido produzidas. Dentre as principais constatações da CENP (Coordenadoria de Estudos e Normas Pedagógicas) está a de que cerca de 55% dos alunos que freqüentam as classes especiais foram indevidamente encaminhados. Outros estudos aqui apresentados mostram números mais alarmantes, que apontam fundamentalmente para as avaliações como as grandes culpadas da história dos encaminhamentos para as classes especiais.

Alguns dos autores apresentam propostas de modelos de avaliação diferentes dos tradicionais, na tentativa de intervir nesse fluxo, na maioria das vezes, uma ida sem volta.

APRESENTAÇÃO

As propostas dos modelos são discutidas não só por psicólogos, mas também por uma pediatra e uma pedagoga, que abordam o tema da ótica da medicalização e biologização do fracasso escolar. Com base nos dados de suas pesquisas, perguntam sobre a possibilidade real de se avaliar o potencial intelectual de alguém. Por outro lado, questionam o papel dos profissionais dos serviços de saúde, que muitas vezes acabam tomando para si os insucessos escolares, como se a dificuldade de responder a um determinado sistema de ensino pudesse ser tratado clínica e individualmente.

Na última parte são apresentados relatos de experiências bem-sucedidas que buscam, através de diversos meios e instrumentos, "driblar" a exclusão no sistema educacional e a dicotomia entre saúde e educação, com o objetivo de garantir os direitos fundamentais de cidadania.

Convidamos o leitor a se debruçar nas páginas deste livro, com a ousadia e a coragem necessárias ao tema.

CONSELHO REGIONAL DE PSICOLOGIA – 6ª REGIÃO – SÃO PAULO

PARTE I
Preconceito e Diferença na Escola Pública

ASPECTOS QUE PERMITEM A SEGREGAÇÃO NA ESCOLA PÚBLICA

José Leon Crochík
Docente do Instituto de Psicologia da USP

Como se trata de pensar a diferenciação como forma de preconceito na escola pública, deve-se apontar para os elementos objetivos e subjetivos que permitem a segregação. Mas, antes disso, é preciso dizer que a diferença não é necessariamente fruto do preconceito, pois, quando ela é reconhecida como essência da humanidade, e não como exceção da regra, permite a própria elaboração do conceito.

Assim, por exemplo, a universalidade procurada pela arte é distinta daquela que a ciência almeja. Na arte, a subjetividade do artista busca expressar algo universal, visando a outra subjetividade. Nessa procura, as diversidades das subjetividades compõem o universal suscitado pela obra. Na ciência, através de sua tendência predominante, a lei é formulada pelo que pode ser identificado entre os diversos elementos estudados. A diferença expressa o humano na arte; a diferença é excluída do conceito na ciência, fazendo com que o próprio conceito traga consigo a possibilidade do preconceito, se este é caracterizado como aversão àquele que é diferente. O universal buscado pela arte vai se compondo a partir de cada avaliação subjetiva; a obra de arte extrapola a subjetividade inicial que a contém. O conceito científico propõe a generalização para os elementos da mesma espécie, e a generalização é outro elemento presente no preconceito.

Isso não quer dizer que a arte seja a expressão pura de subjetividades alheias ao mundo e, menos ainda, que o conceito na ciência predisponha ao preconceito, quando ao contrário ele é, ao se relacionar efetivamente com o objeto e não com a sua deturpação, um antídoto àquele.

Quando falamos de classes especiais, estamos positivando a negação, ou seja, afirmando aquele que é negado para que ele seja mais uma vez negado. Mas quais são os critérios que levam à negação? Alguns deles estão relacionados com a esfera da moral, ou seja, se as crianças apresentam ou não os comportamentos valorizados e a motivação para o aprendizado; outros, com a suficiência cognitiva relacionada à inteligência, à capacidade e à experiência anterior.

A motivação, que nos nossos dias é um pálido substituto da vontade, relaciona-se com a autonomia, mas se esta é dada como um pressuposto inerente à criança, é naturalizada, o que é coerente com a própria noção de inteligência a ser desenvolvida na escola e com os conteúdos a serem transmitidos por ela; por outro lado, caso se diga que é a escola que deve motivar o aluno, então o aprendizado da heteronomia se inicia.

A vontade e a autonomia são inseparáveis da relação entre o indivíduo e a cultura, se qualquer um desses dois últimos tem primazia sobre o outro, aquelas se tornam alheias ao indivíduo. Trata-se, então, de uma relação entre o aluno e o saber, na qual o primeiro deve perceber o valor da cultura.

O valor em uma sociedade capitalista é expressado pelo valor de troca, que precisa de um equivalente para que todos os valores de uso possam ser comensuráveis. Vejamos como isso acontece com duas noções discutidas na educação: a reciprocidade – relativa à esfera da moral – e a reversibilidade – relacionada com a competência cognitiva.

A noção de reversibilidade contempla a possibilidade de se retornar do fim ao começo de uma operação lógica, adquirindo, assim, um valor moral, posto que se valoriza a própria operação e não o caminho estabelecido; já a reciprocidade, entendida como trocas iguais, que pressupõe pressupostos iguais entre aqueles que interagem, adquire valores lógicos cognitivos por precisar da equivalência para comensurar as ações morais. Dessa forma, o pensamento formal, valorizado na escola, tem em sua base uma valorização moral, e a moral, própria do código burguês, que não pode prescindir da justa medida, é uma operação lógica. Mas as duas noções precisam de um referente externo: um equivalente para comparar as ações. Na reversibilidade, a ação que leva de "a" a "b" deve ser equivalente à que leva de "b" a "a". Na reciprocidade, há a expectativa de que a uma dada ação deve-se esperar uma outra comensurável a ela. Em ambas as operações – reversibilidade e reciprocidade –, o que é tornado equivalente perde a sua peculiaridade e assume o lugar que deve ter no mundo das trocas.

A disciplina, que é a renúncia da própria vontade para se submeter à vontade da autoridade estabelecida, estrutura-se sobre uma lógica que se relaciona à lógica da dominação da natureza, portanto não é uma categoria moral pura. Já a insuficiência cognitiva, que assume valor negativo ante a adaptação desejada ao mundo social e do trabalho, não se separa da lógica da moral. Assim, a desordem encontrada na escola, representada por aqueles que não se submetem à reciprocidade da lógica da dominação e por aqueles que não encontram lógica na ordem apresentada nos conteúdos que lhes são transmitidos, não pode ser resolvida segundo a máxima burguesa de que basta ordenar o pensamento para que o mundo fique em ordem e, tampouco, por uma razão psicológica que tente reestruturar a personalidade ou a família em uma sociedade que tendencialmente suscita a desestruturação.

A ordenação dada pela diferenciação entre classes normais e classes especiais já é uma tentativa do pensamento ordenado e ordenador – e o termo "ordem" deve ser pensado em sua dupla significação: moral e cognitiva – de ajustar a realidade a si.

Desde a segunda metade do século passado, pelo menos, com o surgimento do laboratório de Fechner, aquilo que é psicológico é naturalizado, para ser ordenado como as espécies estudadas pela biologia. No início deste século, com o teste de Binet, aumenta-se a possibilidade de o saber passar a ser adaptado às capacidades das crianças. Aparentemente, assim, as crianças poderiam começar a ser o centro do processo educacional, pois já eram entendidas como material a ser transformado, como o posterior escolanovismo pôde propor.

A construção de testes psicológicos para verificar quer características de personalidade quer capacidades cognitivas é posterior à própria necessidade de entendimento do homem como um ser naturalizado passível de ser disciplinado. Essa necessidade, indissociável da divisão do trabalho, provém do mundo do trabalho, que em nossa sociedade valoriza o trabalho intelectual em detrimento do manual. Com isso, não se quer dizer que o trabalho mecânico que desgasta o corpo e a alma deva ser valorizado, mas que o trabalho intelectual se torna, mecânico, fragmentado e adaptado às tarefas de comando sobre a natureza e, por assim dizer, reflexo imediato da forma como os homens percebem a própria natureza, o que o torna disciplinado. A disciplina do pensamento, do comportamento, da vontade, que a escola desenvolve, tem em vista a disciplina do mundo do trabalho.

Aqui encontramos uma dupla contradição. A primeira é inerente ao progresso. Este deveria libertar o homem de uma vida árdua, contudo, quanto mais avançamos, mais o trabalho regulamentado vigora. A outra é a de que a função da escola de adaptar o aluno ao mundo do trabalho, que reproduz a desigualdade existente, leva a deixar de pensá-lo e, assim, deveríamos apontar para a dificuldade do sistema educacional quanto à sua proposta de formar cidadãos, uma vez que as contradições sociais são expurgadas do pensamento escolar.

Tal como uma fábrica, a escola deve separar o material com o qual trabalha, submetê-lo a diversos tratamentos e "vendê-lo" a um preço diferenciado. Longe de desenvolver as múltiplas habilidades dos alunos, a escola – ao reproduzir uma diferença que é socialmente valorizada, tendo em vista a indústria e a produção – torna-se monolítica, valorizando as características de seus alunos que julga naturais como o destino, perpetuando, assim, os valores sociais.

A hierarquia criada entre os alunos mais dotados e os menos dotados, que é estabelecida não somente entre as classes normais /especiais, mas também dentro das classes regulares, apóia-se na hierarquia social, incentivando a competição entre eles. Claro que há outra hierarquia na escola, que é configurada pelo desempenho na disciplina de educação física e, em geral, os que estão no topo de uma das hierarquias estão na base da outra. Contudo, não se trata de mútua exclusão entre essas hierarquias, mas de complementação, pois o esporte não exige menos disciplina, menos submissão da vontade ao outro, do que o conhecimento.

Embora possamos pensar que as diferenciações estabelecidas entre os alunos na escola decorram dos critérios objetivos ligados ao propósito de melhorar o desempenho do aluno, são esses critérios e esse desempenho que devem ser refletidos, antes que se diga que um dos problemas da escola seja o de mau emprego dos métodos que sustentam a discriminação. Dentre esses métodos, encontram-se os testes de aptidão para a alfabetização e os de inteligência.

Esses testes, em geral, medem desempenhos, não os processos que subjazem a eles. Contudo tentar objetivar esses processos não leva a melhores resultados, posto que é a particularidade pela qual o conhecimento é aprendido que dá a base para a formação do conceito, ou seja, é a partir do significado que o conceito possa ter para o aluno que o levará a se interessar ou não por ele, e esse significado tem uma variação muito ampla, que não pode ser captado na objetivação do processo educacional.

De qualquer forma, naqueles testes, a sua lógica interna já demonstra a sua função ideológica, ao tentar homogeneizar aquilo que é destino. A lógica da identidade ou do equivalente aparece tanto na mensuração do atributo quanto nas normas construídas. Na mensuração, porquanto faz itens específicos coincidir com uma pontuação que tem referência nos seus níveis de dificuldade, localizados em uma amostra testada; o erro ou o acerto avaliados já perdem de vista a elaboração pessoal ao serem confrontados com uma generalização estatística. Nas normas, porque a comparação que é efetuada entre o resultado individual e elas aponta para definições sociais do atributo, às quais deve ser comensurado para se saber o lugar que o indivíduo pode ocupar na hierarquia social. Esses pressupostos apontam para a pressão social presente na naturalização do objeto, que permite o resultado do teste, por vezes, torna-se um fetiche.

A sua lógica interna é ideológica também porque pressupõe para um objeto humano, e assim necessariamente social, a mesma lógica dos objetos considerados naturais e, dessa forma, esse objeto é naturalizado. Quando se estuda uma parte de um pedaço de ferro ou de aço, a generalização pode ser feita ao pedaço interno, uma vez que se pressupõe que ele é homogêneo, mas ao se estudar uma parte da capacidade da aprendizagem, ou da inteligência, ou de seus diversos elementos e se generalizar para toda a capacidade do testando, faz-se injustiça ao objeto, a não ser que a aprendizagem e a inteligência sejam consideradas como naturezas mortas e, assim, moldáveis a tarefas preconcebidas. As diversas capacidades previstas em um teste de inteligência – a memória, a rapidez e a precisão, a compreensão etc. – são pensadas em relação às funções necessárias para a adaptação a tarefas sociais, ligadas principalmente ao mundo do trabalho, do qual a escola cada vez menos se diferencia.

A naturalização e a redução ao psicológico quer do aprendizado quer da inteligência são ideológicas por camuflarem a realidade e justificarem a dominação dos "mais aptos" sobre os "menos aptos", por não apontarem para os diversos interesses sociais presentes em uma sociedade desigual. Se esses atributos se conformam aos resultados a eles impostos, é porque foram "coisificados". Se a inteligência e o aprendizado se destinam a tarefas adaptativas, é porque a necessidade de adaptação ao mundo do trabalho é prioritária em relação à própria vida.

Assim, no tocante à aplicação de testes para a diferenciação entre os "mais" e os "menos aptos", e a conseqüente homogeneização interna nos grupos diferenciados, antes de se pensar no bom ou no mau uso do instrumento, deve-se refletir sobre as suas funções ideológicas. Mais do que isso, a classificação das pessoas em grupos distintos e a valorização do grupo ao qual se pertence sobre os outros são movimentos descritos na literatura como próprios da personalidade autoritária ou, caso se prefira, de indivíduos que tendem a desenvolver preconceitos. Em outras palavras, a nossa cultura, por diversos mecanismos, dentre os quais a distinção entre classes normais e especiais, pode favorecer o preconceito.

Outra forma presente de explicar e justificar a segregação dos "alunos-problemas" nas classes especiais é a de considerar o fracasso do aluno por problemas quer individuais quer familiares. Essa conduta não é menos ideológica do que a anterior – a aplicação dos testes –, uma vez que se há um espaço de relativa autonomia para a constituição do indivíduo e da família que aponta para uma certa distância da sociedade, sem esta os "alunos-problemas" não podem ser entendidos, pois não é possível se falar de indivíduo sem que se refira, necessariamente, à introjeção da cultura e, assim, quando a relação indivíduo-cultura não é considerada, fazendo com que se entenda o individuo em si mesmo, perde-se a tensão entre ambos.

De acordo com o que foi dito até aqui, a segregação de alguns alunos em classe especial não pode ser entendida unicamente em função de problemas psíquicos ou biológicos ou familiares, mas deve remeter necessariamente à escola e à sua relação com a sociedade.

A mediação social se apresenta na escola não só externamente, uma vez que mesmo conceitos atualmente importantes para ela, tais como aprendizado,a inteligência,a disciplina, representam o valor de troca e, evidentemente, o princípio de competência individual, fazendo com que a inteligência, em particular, seja considerada um atributo do indivíduo mas não mais da coletividade.

A filosofia ocidental estabeleceu, ao menos por intermédio de Kant e de Hegel, que a razão é universal, ou seja, ela deve ser apropriada pelos indivíduos, mas os transcende, pois pertence à humanidade. Com isso, pressupõe a necessidade da ação conjunta entre os homens para que a razão se realize. A inteligência, como ela é entendida atualmente, como capacidade adaptativa e reduzida quer a um fator geral quer a múltiplas capacidades, já é a simplificação daquela razão que ultrapassava a mera adaptação. Pois bem, quando se estabelecem critérios gerais, mas não universais, através das normas, para discriminar sujeitos quanto à inteligência, tem-se como pressuposto a homogeneização das diferenças das manifestações da razão que, caso não fossem homogeneizadas, confrontar-se-iam, complementar-se-iam, negar-se-iam, para que, de fato, pudessem diferenciar entre "iguais", ou seja, expressar a individualidade. Em outras palavras, se a inteligência deveria ser composta pela atuação diversa de vários indivíduos, tendo como meta um problema comum, na sua expressão pelos testes, ela se torna indiferente em relação aos indivíduos avaliados, através da mensuração dos resultados obtidos em problemas comuns, mas alheios aos seus interesses. Assim, a inteligência se vê ligada à resolução de tarefas.

Disso decorre a seguinte conclusão: se a inteligência é algo que só se realiza por diversas manifestações individuais, não são as classes homogeneizadas que a contemplam, mas o universo. Em uma classe composta de alunos que possam ter diversos tipos de enfrentamento de problemas, de dificuldades, sem que esses sejam motivos para menosprezo, a probabilidade de razão universal é maior.

A questão é tão complexa e, ao mesmo tempo, tão importante, que devemos mais uma vez examiná-la, mas, agora, de um outro ângulo. Se a cultura ocidental tenta romper a lei da natureza da seleção dos mais aptos, é porque há o reconhecimento, ao menos implícito, de que a tarefa de adaptação é coletiva, e porque há o reconhecimento da impossibilidade da auto-sustentação individual desvinculada da cultura. Assim, quando alguém reconhece a importância do trabalho do outro, pode estar apontando para a sua própria incapacidade nesse trabalho e para a sua competência em outro. Se crianças de diversas habilidades e competências puderem conviver, a possibilidade de somar esforços perante um bem comum diminui a competição e, assim, a sua predisposição de se voltar contra aqueles que consideram mais fracos. Estamos no terreno do preconceito.

O preconceito, como demonstramos diversas pesquisas, volta-se em geral contra aqueles que são considerados frágeis: os deficientes, os negros, os homossexuais, os judeus, os ciganos, os doentes, as mulheres, os alunos especiais... Mas por que motivo alguém mais forte teria ódio do mais frágil senão para reafirmar a própria força e eliminar a sensação de fraqueza que tem e projeta sobre o outro?

Ao diferenciarmos os alunos mais competentes dos menos competentes, não deixamos de criar naqueles que se saem melhor nos critérios de diferenciação um certo sabor de vitória, que os ameaça a todo o momento, e quanto mais essa vitória é ameaçada, mais necessitam dela. Mas, se assim é, a aplicação de testes analisada é um exemplo de como o conceito se presta ao preconceito, não porque foi mal-utilizado, ou mal-elaborado, mas porque na sua criação estava presente a necessidade da industria, do mundo do trabalho.

A função da escola de desenvolver um indivíduo autônomo e crítico, assim, estaria comprometida pela sua relação com os interesses ligados à produção. Desnecessário dizer que quando os problemas de comportamento, de disciplina, ou mesmo da discutida capacidade cognitiva, são reduzidos a distúrbios psicológicos, facilita-se o entendimento do aluno como um ser biológico e psicológico, dificultando-se a percepção de que esses dois domínios não existem em sua pureza, ou seja, são mediados socialmente.

Claro, poderia se dizer que a separação entre os indivíduos "mais dotados" e os "menos dotados" permitiria organizar o conhecimento de uma forma mais adequada à sua real (in) capacidade. Contudo, reduzir o conhecimento aos aparelhos sensoriais e cognitivos do aluno é já deformá-lo e, de outro lado, é pressupor, a partir das medidas daquelas capacidades, que a priori o aluno não possa ter acesso ao conhecimento sem que aquela redução seja feita.

Para concluir talvez se deva dizer que se a segregação dos alunos em classes especiais e os métodos que levam a ela não forem pensados na sua relação direta e indireta com os interesses sociais que se apresentam na escola, eles podem estar auxiliando a consolidar o destino daqueles que deveriam retê-lo para si e decidir sobre ele.

HISTÓRIAS DA EXCLUSÃO – E DE INCLUSÃO? – NA ESCOLA PÚBLICA

Lígia Assumpção Amaral
Profª Drª do Instituto de Psicologia da USP

Inicialmente desejo agradecer a oportunidade que o Conselho Regional de Psicologia me dá de estar aqui, compartilhando idéias, junto a um grupo tão grande de pessoas – algumas conhecidas e tantas desconhecidas.

O nome deste evento "I Encontro de Educação Especial" nos leva à questão da criança (no caso da classe especial brasileira) com deficiência.

Como venho pensando a temática da deficiência dentro da grande "categoria" da diferença, da diferença significativa – considerando o afastamento de um tipo ideal de aluno, de um tipo ideal de ser humano – e como venho pensando o quanto de preconceito está embutido na leitura dessa diferença, deveria hoje estar falando linearmente sobre isso.

Assim foi que, ao me preparar para estar aqui, pensei estar explorando idéias sobre o "fracasso escolar" (mas Maria Helena o faz tão bem!); sobre aspectos conceituais do preconceito (partilhando o espaço com José Leon); sobre o afastamento dos objetivos pedagógicos... Poderia basear-me em teóricos longínquos de nós, a esses companheiros, a mim mesma... Mas resolvi não fazer isso e acabei fazendo um caminho diferente, porque penso que a questão da classe especial tem a ver, basicamente, com a questão da exclusão – o que nos leva à "escola inclusiva", muito em moda atualmente.

Lembrei-me então de que há uns meses, quando participei em Diadema de um evento sobre escola inclusiva, buscando no dicionário "inclusão" me deparei com uma de suas acepções, simplesmente terrificante. Assustadora, terrificante mesmo, que é, conforme "mestre" Aurélio[1], a seguinte:

*"Processo da técnica microscópica pelo qual o objeto que vai ser estudado é antes **envolvido por uma massa facilmente seccionável, que o imobiliza***". (Grifo meu)

Essa idéia de exclusão como algo que formata, como algo que paralisa o próprio "objeto de estudo" me pareceu estar muito próxima ao grande tema que vai ser aqui discutido: agora, nas próximas horas, amanhã.

Com esse pano de fundo, dividi minha fala de contadora de histórias em três partes: começo narrando, mesmo que rapidamente, uma lenha grega e termino contando uma história infantil; entre elas, trago, como um "recheio", algumas palavras de nosso "Patriarca da Independência", José Bonifácio de Andrada e Silva, falando sobre a educação do "índio bravo do Brasil".

Vamos então à primeira.

O Leito de Procusto

Procusto é uma personagem da mitologia grega. Em algumas versões, um nababo, um fidalgo; em outras, um marginal, um ladrão de estrada (o que também é bastante interessante!).

O fato é que Procusto exigia que os viajantes – fosse em seu hipotético palácio, fosse nas encruzilhadas – se adequassem exatamente ao tamanho de um determinado leito (daí a expressão "Leito de Procusto"). Com isso raramente acontecia, o "hóspede" era esticado ou amputado para ca-

---

[1] Ferreira, A. B. H. Novo dicionário Aurélio. 2ª edição. 32ª impressão. Rio de Janeiro, Nova Fronteira, 1995.

ber na "forma". Claro está que poucos sobreviviam a essa hospitalidade!

Penso que essa é uma metáfora que pode ser usada em relação à psiquiatria, à deficiência... a todas as diferenças significativas que o Leon comentou: homossexualidade, judaísmo, negritude... Mas, de qualquer forma, é uma imagem de **poder absoluto.** Poder absoluto de um homem, de um partido ou regime político. E mais: penso que as **idéias de "formatação" e de poder absoluto permeiam toda a questão de preconceito na escola pública.**

Vamos agora ao segundo momento que idealizei para minha fala; mas antes compartilho uma parte do caminho percorrido para a própria escolha do que se segue.

Johoda e Ackerman[2], numa obra sobre anti-semitismo, deram-me algumas pistas preciosas para o desenvolvimento de meu fio de pensamento. Com efeito, esses autores postulam que existem três tipos de fatores determinantes da conduta preconceituosa:

1. Determinação funcional – a finalidade da atitude;

2. Determinação genética – história da atitude; e

3. Determinação circunstancial ou externa – **ação dos fatores** externos sobre a formação da atitude.

História de uma Atitude

Escolhi a segunda delas – história de uma atitude – para ilustrar a parte intermediária de minha fala. E, aliás, sobre a primeira – a "finalidade" – Leon já colaborou muito, falando-nos sobre o "a serviço de que" a mesma se encontra.

---

[2] Johoda, M. & Ackerman, N. W. Distúrbios emocionais e anti-semitismo. São Paulo, Perspectiva, 1969.

Por favor considerem minhas colocações a partir daqui **como uma grande provocação** para vocês. Essa foi a forma que encontrei para mobilizar a mim mesma para estar falando **de novo** sobre coisas que me afligem e sobre as quais venho falando, falando, falando, e ouvindo, ouvindo, ouvindo, ouvindo... – e as coisas não mudam!!!

Convido vocês portanto, a partir da História, a uma analogia, a **uma aventura analógica**, tentando ver: por um lado, a criança da escola pública, pseudodeficiente ou realmente deficiente; por outro, suas famílias, pseudamente vistas como famílias, já que vistas como "desestruturadas"; por um terceiro, os pedagogos/psicólogos, missionários, poderosos guardiões da ordem e legitimadores das práticas abusivas.

Nosso Brasil de Ontem: os Índios

Vou, pois, passar a ler para vocês alguns trechos dos "Apontamentos para a civilização dos índios bravos do Império do Brasil"[3], que José Bonifácio de Andrada e Silva leva à Assembléia Geral Constituinte, em 1º de Julho de 1823, com o intuito de apontar os meios *"mais convenientes e adotados para a civilização e prosperidade futura dos miseráveis índios (...) até por utilidade nossa, como cidadãos e como cristãos"*.

Meu **desafio** é que vocês façam, para cada frase lida, a viagem analógica a que me referi.

Logo no parágrafo introdutório do texto, esclarece-se que se trata de uma proposta para catequizar e aldear os índios bravos do Brasil, proposta essa que encontra grandes dificuldades em sua execução por razoes ligadas, por um lado, à

---

[3] Pimenta, M. A. & Torero, J. R. (Org.) A rebeldia do patriarca: textos escolhidos de José Bonifácio. Santos, Prefeitura Municipal, 1994.

"natureza e estado em que se acham esses índios" e, por outro, *"ao modo com que sucessivamente portugueses e brasileiros os temos tratado e continuamos a tratar"*.

Vocês puderam notar – e continuaram notando – que é um discurso extremamente ambivalente, até porque aquele (?) era um momento ambivalente da História do Brasil. Aliás, compartilho que na mesma publicação se encontram, também, os apontamentos de José Bonifácio sobre a abolição da escravatura, com teor completamente diferente.

Mas voltemos ás dificuldades apontadas pelo "patriarca" e, dentre as primeiras, relacionadas à "natureza e estado" dos índios, transcrevendo literalmente algumas das sete por ele apontadas:

1ª) De serem os índios **vagabundos e dados a contínua guerra e roubos**;

2ª) De **não terem freio algum**, religioso e civil, que coíba e dirija suas paixões, donde nasce **ser-lhes insuportável sujeitarem-se** a leis e costumes regulares;

3ª) **Entregues naturalmente à preguiça, fogem dos trabalhos aturados** e diários de cavar, plantar e mondar as sementeiras, que, pelo mínimo viço da terra, se cobrem logo de mato e de ervas ruins; e (...)

7ª) Finalmente porque conhecem que, se entrarem no seio da Igreja, **serão forçados a deixar** suas contínuas bebedices, a poligamia em que vivem e os divórcios voluntários.

Dentre as dificuldades advindas dos não-índios (portugueses ou brasileiros), José Bonifácio "reconhece": *"medos contínuos e arraigados em que os têm posto os cativeiros antigos; o desprezo com que geralmente os tratamos, o roubo contínuo de suas melhores terras; os serviços a que os sujeitamos (...) e por fim, enxertando-lhes todos o nossos vícios e moléstias, sem lhes comunicarmos nossas virtudes e talentos."*

Propugna então que, para vencer os dois conjuntos de dificuldades, *"devemos mudar absolutamente de maneiras, e comportamentos, conhecendo primeiro o que são e devem ser **naturalmente** os índios bravos, para depois acharmos os meios de **os converter**, no que nos cumpre que sejam".*

Complementa, a partir daí, a descrição do índio do Brasil, com, dentre outras, as seguintes afirmações:

> *"(...) o índio bravo do Brasil deve ser **preguiçoso porque tem poucas ou nenhumas necessidades**; porque **sendo vagabundo**, na sua mão está arrancar-se sucessivamente nem terrenos abundantes de caça ou de pesca, ou ainda mesmo de frutos silvestres e espontâneos; porque vivendo todo dia exposto ao tempo, não precisa de casas e vestidos cômodos, e nem dos melindres do nosso luxo; porque finalmente **não têm idéia de propriedade**, nem desejos de distinções e vaidade sociais, que são as **molas poderosas que põem em atividade o homem civilizado**. De mais uma razão sem exercício, e pela maior parte já corrompida por **costumes e usos brutais, além de apático, o devem também fazer estúpido."***

> *"Tudo o que não interessa imediatamente à sua conservação física, e **seus poucos prazeres grosseiros**, escapa à sua atenção ou lhe é indiferente; **falta de razão apurada**, falto de precaução, é **como o animal silvestre** seu companheiro; tudo o que vê pode talvez lhe atrair a atenção, do que não vê nada lhe importa. Para ser feliz o homem civilizado precisa calcular, e uma aritmética por mais grosseira e manca que seja, lhe é indispensável; mas o índio bravo, sem bens e sem dinheiro, nada tem que calcular, **e todas as idéias abstratas de quantidade e número, sem as quais a razão do homem pouco difere do instinto dos brutos, lhes são desconhecidas."***

PRECONCEITO E DIFERENÇA NA ESCOLA PÚBLICA   29

José Bonifácio relembra, então, as estratégias dos missionários jesuítas para "domesticar" os índios. Citando referências a isso de Padre Vieira discorre: *"Os jesuítas conheceram que com presentes, promessas e razões claras e sãs (...) podiam fazer dos índios bárbaros o que deles quisessem. Com o evangelho na mão, e com presentes, paciência e bom modo na outra, tudo deles conseguiam. Com efeito, o homem primitivo não é bom, nem é mau naturalmente, é um mero autômato cujas molas podem ser postas em ação pelo exemplo, educação e benefícios."*

Com base nessas idéias gerais, propõe a **imitação e o aperfeiçoamento dos métodos utilizados pelos jesuítas**: *"Dando liberdade aos **prisioneiros**, vestindo-os, animando-os e persuadindo-lhes a que viessem viver debaixo das santas leis do evangelho. **Apesar de sua barbaridade**, reconheceram eles os obséquios feitos, e não foram insensíveis às atenções com que os tratavam os grandes caciques dos brancos, como eles chamavam aqueles generais."*

Afirma, finalmente: *"Tenho pois mostrado pela razão, e pela experiência, que apesar de serem os índios bravos **uma raça de homens inconsiderada, preguiçosa e em grande parte desagradecida e desumana** para conosco, que reputam seus inimigos, são contudo capazes de civilização, logo que se adotam meios próprios e que há constância e zelo verdadeiro na sua execução."*

Com base nessas colocações, passa a propor os *"meios de que se deve lançar mão para a pronta e sucessiva civilização dos índios"*, meios esses descritos numa sucessão de 44 itens (que naturalmente não nomearei na integra). Porém, selecionei alguns, dos quais faço sua transcrição total ou parcial:

* *Justiça;*

* *Brandura;*

* *"(...) abrir comercio com os bárbaros, **ainda que seja com perda de nossa parte** (...)";*

* *"**favorecer** por todos os meios possíveis os matrimônios entre índios, brancos e mulatos (...)";*

* *"**criar para a catequização dos índios um colégio** de missionários (...)";*

* *"Para que esses missionários **sejam respeitados** pelos índios e possam **coibir** prontamente os tumultos e desordens que estes fizerem depois de aldeados, estabelecer-se-ão nas distâncias necessárias e adequadas **pequenos presídios** militares, cujos comandantes obrarão de acordo com os mesmos missionários e lhes darão todo favor e auxílio requerido."*

Imagino que vocês estejam fazendo analogias com psicólogos etc!

* *"Como cumpre **excita-lhes a curiosidade e dar-lhes altas idéias do nosso poder**, sabedoria e riqueza, será conveniente que o missionário leve uma máquina elétrica com os aparelhos precisos, para na sua presença fazer as experiências mais curiosas e belas da eletricidade, e igualmente fósforos e gás inflamável para o mesmo fim.";*

* *"(...) é trabalho baldado querer de repente **mudar abusos inveterados de homens velhos e ignorantes** (...) por isso se esmerarão principalmente em **ganhar a mocidade** com bom modo e tratamento, instruindo-a na moral de Jesus Cristo, na língua portuguesa, em ler, escrever e contar, vestindo-os e sustentando-os **quando os seus pais forem negligentes ou mesquinhos**.";*

* *"Quando entrarem os índios nas suas novas aldeias devem ser recebidos com todo aparato e festas, **para que formem logo idéia do nosso poder, riqueza e amizade**."*

No estabelecimento de novas aldeias, alguns cuidados são propostos, dentre eles:

* *"Que os missionários tenham todo o **desvelo** em os ir acostumando pouco a pouco a sustento mais sadio e nutritivo que o seu, procurando **introduzir maior** asseio e luxo de vestido e ornato de suas casas.";*

* *"Como os índios, pela sua **natural indolência e inconstância**, não são muito próprios para os trabalhos aturados da agricultura, haverá para com eles nesta parte alguma **paciência e contemplação** (...)";*

* *"(...) procurará por todos os outros (meios) possíveis, **excitar-lhes desejos fortes de novos gozos e comodidade**, da vida social, tratando por esta razão com **mais consideração e respeito aqueles índios que procurarem** vestir-se melhor e ter suas casas mais cômodas e asseadas (...). Aos que forem **desleixados e mal-asseados**, o pároco, com o maioral da aldeia, **castigará** policialmente ou lhe imporá certa coima pecuniária (...)";*

* *"O missionário ou pároco de qualquer aldeia nova deverá fazer uma **lista nominal**, por famílias e idades, de todos os índios ali estabelecidos, notando nela seu **caráter e a sua indústria e a sua aptidão** (...)";*

* *"(...) em cada uma delas (aldeia), em que houver índios bravos a catequizar e civilizar, haverá um **tribunal conservador dos índios**, composto de presidente do governo provincial, do bispo, do magistrado civil de maior alçada da capital, de um secretário e dos oficiais papelistas necessários (...)"*

Naturalmente nenhum índio!!!

Esse tribunal teria a seu cargo uma dúzia de tarefas, dentre as quais:

* *"Para **extirpar a apatia habitual dos índios e influir-lhes novos brios, mandará formar companhias cívicas com***

fardamento acomodado ao clima e costumes dos mesmos índios, que nos dias santos façam os seus exercícios no pátio da aldeia, e se vão assim **acostumando à subordinação militar** (...)";

ou

* "Cuidará que os rapazes índios que tiverem mostrado **mais talentos** instrução nas escolas menores das aldeias venham freqüentar as aulas de latim e outras de ginásios (...) dos que tiverem **mais progresso** nas aulas e tiverem mostrado **melhor comportamento** escolherá os maiorais e chefes militares, não só para as aldeias dos índios, mas também com o andar do tempo para as povoações brasileiras, tendo-se muito em vista favorecer em iguais circunstâncias os de origem indiana, **para se acabarem de uma vez preocupações anti-sociais e injustas.**"

Esta é uma parte do documento de José Bonifácio de Andrada e Silva sobre o qual, como disse, gostaria que vocês estivessem fazendo suas analogias. Os grifos são meus e correspondem à ênfase (vocal) que desejei transmitir. A semente provocativa está aí, para nossa reflexão presente e futura.

Falei de nosso Brasil de ontem e da educação de nossos índios. Pensemos agora o nosso Brasil de hoje, e a educação de nossas crianças na escola pública.

Nosso Brasil de Hoje: As Crianças da Escola Pública

Uma Joaninha Diferente

Porém, mais uma vez (e como prometido), escolhi também contar uma história – que é uma das que pesquisei em meu doutorado e, certamente, uma das que maior prazer me deu, tanto de ler como de definir. Chama-se "Uma

PRECONCEITO E DIFERENÇA NA ESCOLA PÚBLICA   33

joaninha diferente..." e é de autoria de Regina Célia
Melo[4].

Por ser uma história pequena, vou lê-la na íntegra. Infelizmente vocês não verão as ilustrações – o que, alias, pode
ser até uma vantagem: nós que lemos Monteiro Lobato nas
primeiras edições, que continham três ou quatro figuras por
livro, em preto e branco, temos um Sítio do Pica-Pau Amarelo
fantástico dentro de nós.

"Era uma vez uma joaninha que nasceu sem bolinhas...

*Por isso ela era diferente. As outras joaninhas não da-
vam 'bola' para ela. Cada qual com suas bolinhas, viviam di-
zendo que ela não era uma joaninha.*

*A joaninha ficava, pensando nas bolinhas e no que po-
deria fazer... Comprar uma capa de bolinhas? Ou, quem sabe,
ir embora para longe, muito longe dali?*

*Ela pensava e pensava... Sabia que não seriam as boli-
nhas que iriam dizer se ela era uma joaninha verdadeira ou
não. Mas as outras joaninhas não pensavam assim...*

*Então ela resolveu não dar mais importância ao que as
outras joaninhas pensavam e continuou sua vida de joaninha
sem bolinhas...*

*Até que um dia, as joaninhas reunidas resolveram ex-
pulsar do jardim aquela que para elas não era uma joaninha!*

*Sabendo que era uma autêntica joaninha, mesmo sem
bolinhas, teve uma idéia... Contou para o besouro preto, que é
parente distante das joaninhas. Decidiram ir à casa do pássaro pintor e contaram a ele o que estava acontecendo.*

---

[4] Melo, R. C. Uma joaninha diferente... 2ª ed. São Paulo, Edições Paulinas, 1989.

O pássaro pintor, então, teve uma idéia. Pintou com capricho o besouro, que ficou parecendo uma joaninha de verdade...

E lá se foram os dois para o jardim: a joaninha sem bolinhas e o besouro disfarçado.

No jardim ninguém percebeu a diferença. E com festa receberam a nova joaninha.

A joaninha sem bolinhas, que a tudo assistia de cima de uma folha, pediu um minuto de atenção e, limpando a pintura que disfarçava o besouro preto, perguntou:

– Quem é a verdade joaninha?"

Propondo que, tal como o besouro e o pássaro pintou, nós (sejamos professores ou psicólogos) façamos uma **aliança** (quase cumplicidade) **com** a criança/joaninha-sem-bolinhas, para que ela tenha espaço para **ser** e espaço para **provar** que sendo uma "verdadeira" criança" criança/joaninha (com ou sem bolinhas) é **sempre capaz de aprender... e de ensinar.**

PARTE II
Ensino Especial e Legislação

PRÁTICAS INSTITUCIONAIS E EXCLUSÃO SOCIAL DA PESSOA DEFICIENTE

José Geraldo Silveira Bueno
Prof. Dr.em Educação Pela PUC/SP

Boa tarde.

Antes, gostaria de agradecer o Conselho Regional de Psicologia pelo convite para participar deste evento pois, nos meus 26 anos de carreira, fui convidado para falar para diferentes públicos, dentre eles o de alunos de faculdades de psicologia, mas jamais para órgão representativo de classe que não fosse de professores ou educadores.

Nesse sentido, sinto-me um pouco deslocado pois não sou nem psicólogo, nem um bom especialista em legislação. Mesmo assim, vou tentar, dentro das minhas limitações, estabelecer algumas reflexões com relação a esse tema, que possam servir ao público aqui presente. Antes de falar efetivamente sobre a questão legal, de legislação, sobre os direitos da pessoa deficiente, parto da premissa de que existem duas posições teóricas de fundo sobre a função social que a educação especial exerce na sociedade moderna e que têm influenciado decisivamente tanto as análises sobre ela, como sua própria trajetória histórica:

–   a primeira entende que a educação especial nasce com o advento da chamada sociedade industrial e que veio responder aos anseios de democratização da educação. Isto é, que a educação especial nasce com objetivo de atender àquelas crianças que, por algumas características pessoais, não conseguiram acompanhar o processo regular do ensino. Essa é a visão que eu chamaria de visão liberal tradicional, de que a educação especial, nasce, fundamentalmente, para responder às necessidade da população deficiente;

– a segunda, uma visão exatamente oposta, entende que a educação especial nasceu para segregar o indivíduo deficiente, uma vez que as instituições de educação especial, surgidas a partir do final do século XVIII eram, em sua totalidade, internatos. Sob a capa de instituições que diziam responder às necessidades da população deficiente, o que existiu, na verdade, foram instituições asilares que tinham por objetivo único a separação dos anormais. Mesmo depois de os asilos serem substituídos por instituições abertas, esta corrente considera que as práticas institucionais, dentre elas as escolares, nada mais fizeram do que reiterar e contribuir para a exclusão social da pessoa deficiente.

Entendo que nem uma nem outra correspondem às verdadeiras funções da escola especial pois, na medida em que a sociedade moderna não pode prescindir dessa parcela da população, bem como, do ponto de vista dos valores implicados na quebra dos privilégios da nobreza, teve e tem como princípio básico o acesso à cidadania, precisa oferecer a educação como direito do cidadão; portanto, a educação especial, desde o seu surgimento no final do século XVIII, atende a dois interesses contraditórios: o de oferecer escolaridade a crianças anormais, ao mesmo tempo em que serve de instrumento básico para a segregação do indivíduo deficiente.

Isso acontece porque, na realidade, a sociedade industrial moderna possui, dentre outras, duas características extremamente importantes com relação ao problema da integração/segregação da criança deficiente: a **produtividade** e a **homogeneidade**.

A sociedade industrial moderna foi sendo construída, crescentemente, com base na produtividade. Se, por um lado, essa produtividade reúne aspectos positivos, como por exemplo, permitir que seus membros tivessem acesso a bens até então não-existentes ou limitados a uma pequena elite aristocrática, por outro, esse caráter de produtividade faz com que só possa ser considerado, de fato, como cidadão aquele indivíduo que é, de alguma forma, produtivo.

Se essa produtividade tem como sua base a produtividade econômica, ela não se confinou apenas a esse âmbito, mas se estendeu, como valor, a todos os âmbitos da sociedade. Nesse sentido, é preciso ser produtivo como pai, como marido, como filho, assim como as instituições são avaliadas por sua produtividade, desde as indústrias, como os organismos do aparelho de Estado, as instituições da sociedade civil etc.

Assim, a escola precisa ser produtiva. Antes da sociedade moderna, por exemplo, não existia escola seriada; a escola seriada é uma invenção da escola moderna. E o que é a seriação? A seriação atende às necessidades dos alunos ou atende à produtividade da escola? As práticas escolares de seriação, de classificação dos alunos, de aprovação, de reprovação, são práticas que respondem às necessidades dos alunos ou à demonstração da produtividade da escola? No seu percurso histórico, ela respondeu muito mais a essa aparência de produtividade do que à instituição de processos de escolarização a todos que nela integram.

Decorrente dessa perspectiva de produtividade, surge a visão de homogeneização, isto é, de que, para ser crescentemente produtivo, os processos sociais devem ser homogêneos, desde a linha de montagem das fábricas, até os mais diferentes âmbitos sociais, dentre eles, a escola. Isto é, para que se possa ingressar ou se manter dentro das trajetórias organizadas pela escola, é preciso ter padrões determinados para que se possam atingir determinados resultados. Eu diria que a história da educação, da pedagogia moderna, é a história da perspectiva de homogeneização dos alunos.

No saguão do auditório onde proferi uma de minhas últimas palestras junto a professores do ensino básico, observei um cartaz bastante interessante, realizado por um aluno da escola que representava um "jogo de encaixes". As peças para serem encaixadas eram de formatos diferentes (cubos, estrelas, triângulos, quadrados etc.) enquanto o "encaixe" era apenas um: um furo redondo. No pé do cartaz havia uma frase: "A escola quer fazer com que todos os alunos (peças) se tornem "redondinhos". Quando iniciei minha palestra, fiz referência ao cartaz, mas acrescentei que o considerava incompleto pois, a meu ver, não é que a escola pretenda e não consiga, ela pretende e faz: a escola pega estrela e transforma em redondo, e, que é muito pior, quem não "se torna redondo" sofre todas as conseqüências com relação à sua diferença. Por que eu estou me referindo a tudo isso? Porque, na minha perspectiva, com relação à questão da legislação, é preciso tomar extremo cuidado, porque, muitas vezes, perspectivas que parecem ser extremamente avançadas e democráticas podem ter significados extremamente reacionários.

Vou me ater a algumas questões pontuais, a fim de ir retirando delas conseqüências que me parecem importantíssimas, buscando analisar as funções sociais exercidas pela educação especial.

A primeira delas é a questão conceitual, que procura ultrapassar o nível meramente filológico, por considerar que uma mudança terminológica de amplo alcance não se prende unicamente a esse nível, mas expressa a mudança do conceito, modifica o objeto sobre qual nós estamos nos referindo.

Quando escuto, por exemplo, que foi um avanço histórico a substituição de termos como *anormal*, *idiota*, *débil*, por outros, menos pejorativo e menos estigmatizantes, como *excepcional* e, mais recentemente, *portador de necessidades especiais* ou *portador de necessidades educativas especiais*, fico extremamente preocupado, por algumas razões.

Fico preocupado, em primeiro lugar, porque, se por um lado, se avança para menor estigmatização, por outro, perde-se na precisão. Isto é, o termo *portador de necessidades educativas especiais* não substitui o termo *deficiente*, assim como este não substitui o termo *cego*. Em outras palavras, como o conceito *portador de necessidades educativas especiais* abrange uma diversidade de sujeitos, ao ganhar na amplitude e na quebra da estigmatização, perde na precisão. Tanto é assim que, ao lado do termo em questão, é preciso acrescentar a espécie de sujeitos sobre a qual estamos nos referindo[1].

Fico preocupado, em segundo lugar, porque, se permanecermos no nível meramente filológico e abstrato, sem nos reportarmos à realidade concreta, poderemos estar nos equivocando quanto ao real sentido que esse conceito vem adquirindo historicamente. O que estou querendo dizer é o seguinte: esse alargamento pode, com certeza, significar ampliação de oportunidades educacionais, portanto, de democratização, do sistema social, para uma série de crianças, como as autistas, aquelas com distúrbios neurológicos específicos, antes não incluídas no rol das "anormalidades". Mas pode, também (e, muitas vezes, mais fortemente do que a democratização), estar significando a incorporação de um grande número de crianças, sobre as quais temos grandes dúvidas se teriam, efetivamente, algum tipo de *necessidade especial*. Essa é uma questão que me parece política e não filológica ou legal.

Do meu ponto de vista, termos como deficiente, surdo, cego são muito mais precisos do que *alunos com necessidades especiais*, e assim, a inclusão deste último ter-

---

[1] É uso corrente utilizar após o termo portador de necessidades educativas especiais a especificação do quadro dos sujeitos a que se referem (deficiente mental, deficiente auditivo, portador de altas habilidades etc.), o que comprova esta nova tese.

mo, por exemplo, na nova Lei de Diretrizes e Bases, se não for discutido politicamente, pode significar, na verdade, a reiteração, ou mais, a ampliação dos processos de segregação, de separação, de afastamento da escola regular de um número extremamente grande de crianças que, em razão do fracasso na escola, possam ser caracterizadas como tal, isentando-se, dessa forma, as políticas educacionais e os processos pedagógicos na construção desse mesmo fracasso.

A segunda questão que gostaria de abordar se refere à exigência do diagnóstico para o encaminhamento de crianças para classes ou escolas especiais. É claro que não se pode negar a necessidade de que os indivíduos sejam avaliados para que possam receber a melhor forma de atendimento possível; o grande problema, porém, é saber a quem tem servido a caracterização, a classificação, o diagnóstico, a avaliação de crianças pelas mais diferentes especialidades.

Vejam que a discussão trazida aqui pelo Júlio Bissoli mostra que a legislação atual estabelece que os alunos devem ser atendidos *preferencialmente* na rede regular de ensino. Isto é, ela não nos diz que este ou aquele, o mais leve ou mais lesado, deve ficar aqui ou ali. Estabelece, isto sim, que todos aqueles que tiverem condições de freqüentar a escola regular devem, *preferencialmente*, freqüentar escolas regulares.

O que se pode verificar, de fato, no funcionamento da escola brasileira? Por um lado, eu diria que existem uma série de heróis, de poucos heróis que são os especialistas (alguns, nem todos, porque muitos trabalham com a bandeira da segregação) num esforço titânico de colocar indivíduos deficientes no ensino regular. E, por outro lado, um movimento muito grande da escola regular de segregar indivíduos, grande parte deles sem qualquer indício de anormalidade.

Ocorre, então, um verdadeiro paradoxo: trabalhei, durante vários anos, com deficientes auditivos, deficientes auditivos severos, e realizávamos uma luta titânica para colocar esses indivíduos na escola regular, quando essa mesma escola estava afastando crianças com o rótulo de distúrbios de aprendizagem, com rótulo de problemas de comportamento. Ora, como é que nós podemos funcionar na perspectiva de integração de crianças com problemas evidentes, com problemas de deficiência evidente, numa escola que é seletiva, segregacionista, extremamente homogeneizadora e excludente. A escola brasileira é uma escola excludente. Em grande parte da minha experiência profissional, pude verificar o seguinte: o concurso do especialista da área de saúde, da área médica, da área psicológica, tem servido muito mais para a confirmação justificada da exclusão do que, na realidade, como meio para abertura de melhores atendimentos para crianças que chegam até esses serviços. Na realidade, o que o diagnóstico do especialista tem feito é nada mais do que reafirmar a condição de excluído, na medida em que, na maior parte das vezes, não se ocupa com os processos sociais e, dentro deles, o da sua escolarização, como constituidor de suas capacidades ou incapacidades.

Essa função de reiterador da exclusão escolar e social tem muitas afinidades com o uso do diagnóstico na exclusão social do menor infrator. Durante um ano e meio, fui Diretor Técnico da FEBEM de São Paulo, e verifiquei o seguinte das práticas institucionais. Segundo nossa legislação, o menor não pode ser penalizado; ele não tem, tal como o adulto, uma pena determinada em número de anos, mas deve ser recolhido, de acordo com decisão judicial, por tempo indeterminado, até que se verifique sua possibilidade de reiteração social. A não-determinação de pena, nesse caso, nasce no sentido de defesa do menor, pois o que importa, em tese, é o trabalho com ele realizado, e que deveria fazer com que ele permanecesse internado o menor tempo possível. Mas o que ocorre, na realidade? O fato de não ter pena, para boa parte dos meninos, se transforma num castigo ainda maior, pois muitos deles, independentemente da infração cometida, podem permanecer internados por tempo extremamente longo. Vou apresentar aqui uma ilustração do concurso do especialista, como forma de avaliar a prática institucional segregada: para ser liberado, o menor deve se submeter à avaliação psiquiátrica, cujo laudo é peça definitiva para a decisão do juiz. Como isso se processa? Cena 1: o menor (que está interno há dois anos na FEBEM) é retirado da atividade ou do local onde estava e encaminhado para a ante-sala do gabinete psiquiátrico, ciente de que lá se dará a entrevista decisiva para sua liberação. Cena 2: o menor permanece sentado na ante-sala por uma ou, às vezes, duas horas, sozinho, à espera da entrevista. Cena 3: o menor adentra ao gabinete onde, em uma hora, o psiquiatra aplica provas e outros instrumentos de avaliação da "personalidade" do menor. Cena 4: após a saída do menor, que demonstrou grande ansiedade que se transformou, durante a entrevista, em agressividade, o psiquiatra estabelece o laudo: *"O menor permanece ainda com personalidade ansienógena, com comportamento agressivos evidentes"*. Cena 5: após duas semanas, infernizando a vida dos inspetores na expectativa do resultado, o menor é informado da não-liberação por parte do juiz. Cena 6: na mesma noite, o menor, mais cinco companheiros fogem da FEBEM. Cena 7: após três meses, o menor, sem qualquer infração evidente (mesmo que as tenha cometido, não foi por elas que foi preso), cai nas mãos da polícia que o encaminha para a FEBEM, que, por sua vez, encaminha o processo ao judiciário etc.

Da mesma forma que o diagnóstico psiquiátrico utilizado na FEBEM, o diagnóstico da criança deficiente surge, em tese, para que se tenha maior precisão, que se possam definir melhor as características, os problemas, as potencialidades das crianças, assim como para se ter um encaminhamento mais satisfatório. O problema é saber se ele está cumprindo esse papel. Tenho a convicção de que ele está cumprindo exatamente o inverso: está avalizando o movimento de afastamento de qualquer tipo de problema da escola, e os dados que o Júlio Bissoli traz a este encontro me parecem muito significativos: o da total falta de critérios para composição das classes especiais do Estado, que abrigam desde deficientes evidentes que, provavelmente, devem estar tendo algum proveito, até crianças normais, erroneamente caracterizadas pela escola como deficientes mentais leves, com problemas de comportamento ou de aprendizagem. Por um lado, isso enfatiza a necessidade do diagnóstico, mas, a meu ver, se não analisarmos crítica e politicamente o seu uso, cairemos na mesma esparrela do diagnóstico do menor infrator.

O que tem ocorrido, na maior parte das vezes, com relação aos resultados positivos, por exemplo, de caracterização da deficiência mental através do diagnóstico psicológico? O encaminhamento dessas crianças para classes especiais, onde permanecem durante o resto de sua escolarização. E que deficientes mentais são esses? Em sua quase esmagadora totalidade, são os chamados "deficientes mentais leves", pois os casos mais graves e evidentes não conseguem sequer matrícula na escola, o que me leva à seguinte conclusão: não sei o que é pior, eles não serem classificados ou serem classificados. Por que digo isso? Porque, nos dois casos, da falta ou presença de diagnóstico especializado, as conseqüências são as mesmas: a exclusão do "diferente" da escola regular.

Todos os indivíduos, independente do seu nível de comprometimento, deveriam ter oportunidade de estudar em escola regular. Com relação a alguns casos, aqueles extremamente graves do ponto de vista motor ou físico-mental, nós ainda não sabemos o que fazer, do ponto de vista pedagógico-escolar, mas estes são estatisticamente a minoria. Assim, a maior parte da população deficiente poderia freqüentar, com algum êxito, a escola regular.

Em que eu me baseio para fazer tal afirmação? Por um lado, porque já existem evidências suficientes de que essa parcela da população deficiente poderia aproveitar, de forma bastante significativa, os processos regulares de ensino. Por outro, porque, na minha experiência junto às redes públicas e privada do ensino especial, tenho verificado que os resultados alcançados pelas chamadas escolas e classes especiais são extremamente baixos. Em minha tese de doutorado, embora tenha trabalhado com uma amostra muito pequena, verifiquei que, de 20 escolas públicas estaduais que mantinham classes especiais para deficientes auditivos, 80% delas correspondiam a classes de primeira e segunda série do 1º grau, classes essas compostas de crianças com 6, 7, 8 e até 10 anos de escolaridade. Quer dizer, montarmos classes especiais para uma determinada deficiência, no caso, a deficiência auditiva, e verificamos que, ao final de 6, 7 ou 10 anos, essas crianças permanecem no nível de 1ª e 2ª séries. Para que, então, serviu a montagem de classes especiais? Eu diria que para nada. Pior que isso, diria que ela serviu, contra todas as evidências das investigações científicas, para comprovar que a criança deficiente auditiva é incapaz de aprendizagem escolar. Ora, se é para aprender tão pouco, eu diria que, embora eles não conseguissem, no mais das vezes, ultrapassar o mesmo nível escolar, se estivessem inseridos em classes regulares, teriam a vantagem de estarem convivendo num espaço social diverso, rico e conflitivo, tal como se dá a sua relação social ampliada. Isto é, essa experiência poderia lhes ser muito mais útil para lhes fornecer instrumentos para sua inserção social, que certamente será feita de forma conflitiva, do que de inculcar-lhes a perspectiva da submissão e da aceitação de sua inferioridade pois, apesar dos discursos apologéticos dos especialistas, este é o resultado palpável de uma inserção em processos especiais de ensino, que nada mais fazem do que reiterar as suas dificuldades, as suas limitações, portanto, a sua inferioridade.

Em síntese, se é preciso, por um lado, lutar para tornar a legislação cada vez mais próxima das necessidades das pessoas deficientes, não se pode ser ingênuo a ponto de se acreditar que a sua simples promulgação resolveria a questão.

Veja, por exemplo, a questão do trabalho da pessoa deficiente. Existe uma parcela significativa de especialistas que luta pela inclusão de legislação que garanta um percentual mínimo dos postos de trabalho para as pessoas deficientes.

Aqui se abrem duas questões importantes e complementares.

Com os baixos resultados alcançados pelas instituições e classes especializadas, como se esperar que o mercado de trabalho absorva essa população? Se os resultados concretos de 140 anos de instituições e classes especiais para deficientes nada mais fazem, com honrosas e pouquíssimas exceções, de que reiterar as incapacidades da população que a ela tem acesso, como esperar que as empresas, os serviços públicos e outros se prontifiquem a incorporar esses sujeitos?

Por outro lado, dentro de uma política recessiva, de aumento brutal do desemprego, que eficácia teria uma lei dessa? Se os indivíduos considerados normais estão perdendo seus empregos, como garantir a absorção de indivíduos deficientes, cujas competências não foram desenvolvidas na escola especial? Isto é, o encaminhamento de soluções para a incorporação da pessoa deficiente pelo mercado de trabalho passa, a meu ver, por duas questões fundamentais que não têm sido devidamente tratadas: o da necessidade de sua escolarização qualificada e o da sua incorporação a uma discussão mais ampla, de construção de uma sociedade mais justa, que crescentemente ofereça melhores condições de inserção social produtiva e individualmente satisfatória à sua população, seja ela deficiente ou não.

Voltando ao ponto de partida, gostaria de deixar aqui um alerta: tenho muito receio de que o novo conceito de *alunos com necessidades especiais* esteja abrindo espaço para que um grande grupo de crianças, que poderiam estar freqüentando escolas regulares, seja delas excluído, com a justificativa de que são *alunos com necessidades especiais*, sem que se evidencie que grande parte desses problemas nada tem a ver com características das crianças, mas sim, com características do processo pedagógico, um processo inadequado que precisa ser modificado.

Se esse for o caminho seguido pela educação especial, continuaremos, apesar de toda nossa retórica integracionista, a contribuir para a continuidade da segregação da criança deficiente e para a justificação da exclusão do "diferente" da escola regular, e não para a democratização da escola brasileira.

Muito obrigado.

INTERVENÇÕES EM DEBATE

Primeira Intervenção

Eu queria reforçar um pouco o que a Nilza colocou, porque, se observamos o que ocorreu nesses nossos 140 anos de educação especial no Brasil, verificaremos que os resultados desse sistema foram sempre muito ruins e que, até hoje, são muito fracos. Então, fico abismado em verificar, aqui, que ainda se defende a manutenção de classes especiais. Ora, embora seja duvidosa a sua eliminação por decreto, nosso horizonte deve ser o de acabar com a segregação no menor tempo possível, isto é, devemos nos organizar para terminar com esse sistema que basicamente exclui e que tem resolvido muito pouco os problemas de crianças muito próximas da normalidade. E esse horizonte, diferentemente do horizonte geográfico, que é posto diante de nós, deve ser por nós construído.

Além disso, estamos nos referindo, também, a uma população que foi encaminhada erradamente para escola especial, para classe especial. Nestas, mesmo sem ser deficiente, na maior parte de vezes, a criança não aprende absolutamente nada. Como se justifica, então, a manutenção desse sistema? Se a classe especial, pelo menos, tivesse respondido de forma afetiva, demonstrando o equívoco do encaminhamento, através da aprendizagem dos alunos a ela encaminhados equivocadamente, teria cumprido papel importante. Mas, não, o ensino especial nada mais tem feito do que reiterar as "dificuldades" detectadas pela escola: não aprendeu por tais e tais razões, não aprendeu por tais e tais motivos.

Eu recebi só uma pergunta, que pede minha opinião a respeito do trabalho realizado pela DERDIC[2], se considero que ela também seja uma fábrica de deficientes. Antes de qualquer coisa, cabe esclarecer, para aqueles que porventura não a conhecem, que essa instituição é mantida pela PUC/SP, que possui uma clínica para distúrbios de linguagem e uma escola especializada para surdos. Foi nessa instituição que inicie minha carreira dentro da educação especial e da qual fui seu diretor de 1974 a 1983.

Ela mantém uma escola especial e, pelo meu discurso, deve ter ficado clara qual a minha visão sobre uma instituição que possui uma escola especial. O meu argumento fundamental é o seguinte: os resultados que as classes e escolas especiais para surdos, pública ou privadas, alcançaram depois de 140 anos de existência no País me permitem afirmar que os alunos não sofreriam nada se estivessem em classes comuns, porque teriam mais ou menos o mesmo nível de escolaridade que estão tendo nas classes especiais, isto é, que a maioria não ultrapassaria a 2ª série do primeiro grau, que alguns conseguiriam atingir o topo da escolaridade obrigatória e uma reduzidíssima minoria che-

---

[2] Divisão de Educação dos Distúrbios da Comunicação, da PUC/SP.

garia a níveis mais elevados de escolarização. Então, seria muito melhor, pelo menos, se eles convivessem com os ouvintes. Nesse sentido, dá para verificar qual é a avaliação que eu faço dessa instituição.

Há, ainda, um outro aspecto que vale a pena destacar. Do meu ponto de vista, a manutenção de um centro universitário de atendimento a pessoas deficientes se justifica por duas razões: primeiro, que se constitua em um serviço de "ponta" e, segundo, que produza conhecimento através da implementação de pesquisas e investigações científicas "de peso". Se um centro universitário não cumpre essas duas funções, não vejo nenhuma razão para sua existência, já que, por maior que seja seu âmbito, não cabe a ele suprir a obrigatoriedade do Estado, de fornecer educação básica a qualquer cidadão, inclusive os deficientes. Tivemos aqui, hoje, a exposição do serviço de psicologia escolar da USP, que procura ultrapassar a prática vigente do trabalho psicológico junto à criança deficiente, de realização de diagnósticos e encaminhamentos. Isso é que eu posso considerar como implementação de um trabalho que procura ser de "ponta".

Minha exposição parece ter deixado claro que eu não considero uma instituição que mantêm uma escola especial como de "ponta": na minha perspectiva política, ela é uma instituição retrógrada.

Mas, mesmo que desconsiderássemos essa perspectiva, pois não sou o dono da verdade, quais os resultados por ela alcançados e qual a sua influência nos caminho da educação especial brasileira? Por seu caráter universitário, deveria ser através dos conhecimentos por ela disseminados. O que não pode ocorrer, numa instituição desse tipo, de cunho universitário, é ela se contentar com resultados comparativos aos da educação especial em geral no País, porque esses são absolutamente precários. Qual o mérito de uma instituição universitária, com amplos recursos técnicos, de equipamento e de material, em formar oito alunos por ano no primeiro grau? Na minha opinião, somente teria sentido se, a partir de sua prática de atendimento, houvesse toda uma sistematização de conhecimentos que pudessem contribuir, decisivamente, para a melhoria da qualidade da escolarização do deficiente auditivo, mesmo de uma ótica por mim considerada como retrógrada e conservadora. Mas isso também não acontece na DERDIC.

Assim, entendo que a DERDIC não responde, hoje, a nenhum dos requisitos apontados, mas que possui todas as condições para se transformar em uma instituição de "ponta", que produza investigações que possam ser ponto de referência significativo para a crescente qualificação da educação escolar do deficiente auditivo, mas, para tanto, deve ultrapassar o campo meramente técnico e incluir em suas discussões o caráter político da educação especial.

Segunda intervenção

Acho que a discussão que eu estou fazendo em relação à fabrica de deficientes é de que as estatísticas nos mostram que os resultados alcançados depois de 140 anos e, mais precisamente, no Estado de São Paulo, há 70 anos (desde a criação das primeiras instituições especializadas e de classes especiais públicas na década de 20), os resultados alcançados são ruins, muito abaixo do que se poderia esperar. Claro que eu conheço honrosas (porém, poucas) exceções especialistas e instituições que conseguem resultados satisfatórios. O que é que eu estou querendo dizer, então? Nós estamos há 70 anos encaminhando crianças para um determinado tipo de escolarização, considerado especializado, mas que não tem dado conta (a não ser essas poucas exceções), nesses 70 anos, minimamente, da escolarização de crianças deficientes, bem como de se constituir em pólo de contraposição à prática dos encaminhamentos inadequados realizados pela escola regular para instituições e classes especiais.

Por outro lado, não se pode esquecer que o fracasso atinge, em nosso País cerca de 40% da população escolar. Isto é, se no Brasil esse índice se resumisse a 2% ou 3% da população escolar, poderíamos considerar que o problema residiria, em sua maioria, nas características dos alunos. Mas não estamos falando de 3%, de uma população residual em relação à totalidade da população escolar; estamos falando de 40%, uma população que quase nada aprende na escola, e essa é uma característica fundamental da escola brasileira e que tem exercido influência significativa nos caminhos da educação especial, como avalizadora dos processos de exclusão e de justificadora da ação seletiva da escola regular.

Terceira Intervenção

Eu diria que estamos trabalhando com indivíduos de 4ª categoria, realmente o deficiente é não-cidadão brasileiro de 4ª categoria, pois a nossa cidadania ainda é uma utopia. Mas nem todos os deficientes podem ser aí enquadrados. A 1ª categoria é composta de privilégios, aqueles que se situam acima do bem e do mal, que, independentemente de suas ações, nada ou pouco sofrem, aqueles que, tendo em vista o crescimento, por exemplo, da violência urbana (causada, fundamentalmente, pela não constituição de uma sociedade democrática) criam verdadeiros "castelos coletivos" para habitarem, com cercas, guaritas e guardas particulares. Os segundos são aqueles que têm alguns de seus direitos atendidos, a nossa classe média. Em seguida, temos uma ampla camada da população que não tem direito nenhum, dos que morrem nas portas dos hospitais, que não conseguem aprender na escola, que moram em habitações indignas, que são transportados como gado em insuficientes e precários meios de transporte coletivos. E, dentro dessa última camada, temos uma 4ª, qual seja a dos improdutivos, porque deficientes. E, se são de 4ª categoria, há muito pouco interesse neles, essa é a verdade. Alguns dados mostram que hoje nós temos no Brasil, em São Paulo inclusive, um número de professores habilitados proporcionalmente menor que na década de 70. aqui em São Paulo, conforme as normas da Secretaria da Educação, essas classes foram criadas com o concurso de professor habilitado; quando esse professor se afasta, por remoção ou promoção, assume professor não-especializado. Se, aqui em São Paulo, temos um grande número de professores não-habilitados que estão respondendo por classes especiais, imagine em relação ao País como um todo. Conheço professores que fizeram curso intensivo de formação com a duração de 24 horas!

Então, o que você coloca é verdade. Conheço uma série de surdos que sofreram discriminações, foram objeto de preconceitos, mas que chegaram à universidade, construíram famílias, foram incorporados pelo mercado de trabalho. Por quê? Porque eles vêm de camadas diferenciadas e aí eles têm direitos. Como se vê, o problema do deficiente não se resume à deficiência. Esta atinge de maneira avassaladora os deficientes das camadas populares, isto é, o problema deles é, de origem social. Ora, se estamos nos referindo à população da escola pública, estamos falando basicamente, das crianças oriundas dos estratos populares, que, por esse motivo, são excluídas da escola sem razão, porque nada apresentam como características peculiares que pudessem justificar o seu fracasso ou, "Com razão", porque deficientes: essa é a lógica perversa de uma sociedade excludente e de uma escola seletiva.

Gostaria de enfatizar, finalmente, que essa discussão traz uma perspectiva extremamente enriquecedora: a de procurar fazer com que profissionais especializados, como os psicólogos, deixem de olhar a criança como problema e passem a enfocar o fracasso pessoal como fracasso da escola. Enquanto nós estivermos presos reiteradamente à visão de que a criança é o problema, qualquer intervenção com vistas à democratização da escola brasileira será, a meu ver, infrutífera, por desconsiderar os verdadeiros fatores que têm produzido uma massa de fracassos, dentre ela, as crianças deficientes.

LEGISLAÇÃO E SITUAÇÃO ATUAL DAS CLASSES ESPECIAIS NO ESTADO DE SÃO PAULO

JÚLIO BISSOLI NETO
COORD. DE ESTUDOS E NORMAS PEDAGÓGICAS

Comentar a legislação pertinente à educação especial é desgastante e muito complicado em virtude de representar um ponto nevrálgico da educação paulista.

Os expositores participantes da mesa-redonda da manhã em suas explanações deixaram questionamentos dignos de análise e reflexão sobre os procedimentos adotados pelas escolas e psicólogos quanto ao encaminhamento e avaliação específica de alunos suspeitos de deficiência mental. Eu vou tecer algumas considerações sobre a legislação e dividir o tempo que me é concedido em dois momentos: primeiro, citar a legislação vigente; depois, apresentar dados significativos das avaliações, para os psicólogos e professores.

As legislações federal e estadual regulamentam a educação especial. São elas:

Legislação federal

- Lei n° 5.692/71

Fixa diretrizes para o ensino de 1° e 2° grau. Artigo 9° - Tratamento especializado aos alunos que apresentem deficiências físicas ou mentais (...), de acordo com as normas fixadas pelos conselhos de educação.

- Portaria MEC/CENESP n° 69/86

Expede normas para fixação de critérios reguladores da prestação de apoio técnico e/ou financeiro à educação especial nos sistemas de ensino público e particular (princípios).

- Constituição Federal /88 Artigo 208 – Inciso III

Atendimento educacional especializado, preferencialmente na rede regular de ensino.

- Lei nº 7.853/89

Dispõe sobre o apoio às pessoas portadoras de deficiência e sobre a Coordenação Nacional para a integração de pessoa portadora de deficiência (Corde). Artigo 8º – Constitui crime punível com reclusão de 1 a 4 anos e multa. I – Recusar, suspender, procrastinar, cancelar ou fazer cessar, sem justa causa, a inscrição de aluno em estabelecimento de ensino de qualquer curso ou grau, público ou privado, por motivos derivados da deficiência que porta.

- Lei nº 8.069/90

Atendimento médico, educacional e proteção ao trabalho à **criança** e ao adolescente em geral e aos indivíduos portadores de deficiência. Preferencialmente no ensino regular.

Legislação estadual (SP)

- Deliberação CEE nº 13/73

Fixa normas gerais à educação de excepcionais (artigo 9º da Lei Federal nº 5.692/71)

- Decreto nº 7.510/76 Artigos 86 e 92

Reorganiza a Secretaria de Estado da Educação; estabelece as atribuições do serviço de educação especial.

- Resolução SE nº 247/86

Dispõe sobre a educação especial nas escolas de 1º e 2º grau.
- Portaria Conjunta CENP/CEI/COGSP/DAE

Dispõe sobre a orientação para atendimento à demanda escolar da educação especial.

* Instrução DAE/SE n° 86
  Dispõe sobre a caracterização escolar para fins de atendimento pela educação especial.

* Constituição do Estado de SP/89 Artigo 239 § 2°
  Dispõe sobre o atendimento especializado aos portadores de deficiência, preferencialmente na rede regular de ensino.

No Estado de São Paulo, os alunos portadores de necessidades especiais (deficientes auditivos, físicos, mentais, visuais e os superdotados e talentosos) recebem atendimento educacional especializado através de classe especial, sala de recursos, classes hospitalares, central de atendimento, unidade de classes especiais e classe comum, instaladas em escolas da rede de ensino ou vinculadas a elas. A criação dessas formas de atendimento está disciplinada por legislação específica (Resolução SE n° 247/86, Portaria Conjunta CENP/CEI/COGS/DAE, Instrução DAE, publicada em 1/10/1986 e republicada em 24/12/1986), que estabelece condições como: existência de demanda diagnosticada por profissional credenciado, de adequado espaço físico na escola e de professor devidamente habilitado.

Para os alunos que não são beneficiados pelo atendimento existente nas escolas comuns devido ao grau de sua deficiência ou por apresentarem múltipla deficiência, a Secretaria da Educação celebra convênios com instituições específicas para esse fim (Decreto n° 34.919, publicado no DOE de 7/5/1992, regulamentado pela Resolução SE n° 161/92, publicada no DOE de 16/6/1992).

Dados de março de 1995 apontam que no Estado de São Paulo existiam 2.200 classes especiais, sendo 1.635 para deficientes mentais, grau leve. Estima-se que 30.175 alunos freqüentam essas classes, dos quais 24.525 estão em classes especiais para deficientes mentais, o que significa 81,27% do total de alunos do ensino especial.

Tendo por objetivo a reorganização escolar, foi solicitado aos professores (da rede) que atuam em educação especial o preenchimento de um formulário (informativo) o mais completo possível. Na tabulação das informações, deparamo-nos com o seguinte quadro:

Quadro 1: Nº de Classes Especiais por Área

ÁREA	COGSP	CEI	Total
DA	201	211	412
DF	21	05	26
DM	533	899	1.432
DV	47	58	105
Total	802	1.178	1.975

Quadro 2: Nº de Professores

Área	COGSP		CEI		Total
	Hab.	Não-hab.	Hab.	Não-hab.	
DA	108	62	156	46	372
DF	06	14	05	–	25
DM	254	216	703	168	1.341
DV	24	15	31	19	89
Total	392	307	895	233	1.827

QUADRO 3: Nº DE ALUNOS COM AVALIAÇÃO E SEM AVALIAÇÃO

Área	COGSP		CEI		Total		Total de Alunos
	C/Av.	S/Av.	C/Av.	S/Av.	C/Av.	S/Av.	
DA	1.592	31	1.633	2	3.225	33	3.258
DF	172	–	48	–	220	–	220
DM	5.026	471	8.760	1.099	13.786	1.570	15.356
DV	425	–	466	–	891	–	1.782
Total	7.215	502	10.907	1.101	18.122	2.494	20.616

OBS.: COGSP – Coordenadoria de Ensino da Região Metropolitana da Grande São Paulo; CEI – Coordenadoria de Ensino do Interior; DA – Deficiência Auditiva; DF – Deficiência Física; DM – Deficiência Mental; DV – Deficiência Visual.

A legislação, portanto, fixa o número mínimo e o número máximo de alunos por área para a criação da classe especial.

Comparando-se os dados da estimativa do número de alunos com os dados reais fornecidos pelos professores das classes criadas, observa-se que a discrepância existente é bastante significativa. Tal ocorrência é devida ao fato de essa estimativa ser feita pelo número máximo de alunos por classe em todas as áreas.

Comparando-se os dados atuais com os de março de 1995, observa-se uma redução de 225 classes, fato que pode ser explicado pela desativação das classes sem a devida comunicação ao Serviço de Educação Especial.

Observa-se uma diferença entre o número de classes (quadro 1) e o número de professores (quadro 2), fato que pode ser justificado pela obra de período de professores. Do total de professores que atuam em educação especial, 73,4% estão na área da deficiência mental e 71,3% destes possui habilitação em nível de 3º grau e 28,6% não possuem habilitação específica.

O quadro 3 refere-se ao levantamento efetuado junto aos professores de educação especial da rede em julho de 1995.

Das 146 delegacias de ensino do Estado de São Paulo, 145 oferecem essa modalidade de atendimento.

Dos 20.616 alunos matriculados no ensino especial, 15.356, equivalente a 74,4%, estão freqüentando classes especiais para deficientes mentais.

Da tabulação do levantamento, constata-se que 13.786 alunos, ou seja, 90%, possuem avaliação diagnóstica e apenas 1.570 alunos, ou seja, 10%, não possuem nenhuma avaliação.

Aqui nos deparamos com um não-cumprimento da legislação, uma vez que para estar matriculado no ensino especial o aluno precisa ser diagnosticado e/ou avaliado por profissional credenciado.

Dados do levantamento indicam que 4.140 alunos foram encaminhados para classe especial para deficientes mentais com o diagnóstico de educáveis, enquanto 2.743 alunos passaram por avaliação-diagnóstico e foram encaminhados para a classe especial, porém os dados imprecisos, pois só contavam com a indicação para a classe especial.

Outros 349 alunos foram encaminhados para a classe especial, após avaliação, por portarem problemas de aprendizagem.

Avaliação realizada em 203, alunos apontam a necessidade de que freqüentem classe especial, porque apresentam problemas emocionais.

Outros 357 alunos foram avaliados como moderados e encaminhados para classe especial. E ainda 410 alunos foram avaliados e diagnosticados como limítrofes e encaminhados para classe especial de deficientes mentais.

Outras situações ainda foram encontradas com encaminhamento para classe especial de deficientes mentais, tais como:

- 13 alunos classificados como deficientes mentais graves ou severos;
- 3 alunos classificados como autistas;
- 19 alunos com deficiência auditiva;
- 2 alunos com deficiência visual;
- 11 alunos com deficiência física PC;
- 28 alunos com problemas de fala e/ou visão;
- 96 alunos com imaturidade/lentidão;
- 10 alunos com problemas familiares;
- 35 alunos com problemas de agressividade e/ou comportamento;
- 50 alunos com outros problemas (gagueira, cardiopatia, defasagem de idade, atraso em todas as áreas).

Existem alguns dados imprecisos de avaliação, tais como: Q.I inferior ou abaixo da média, apto a freqüentar classe especial, positivo para freqüentar classe especial, habilitado a freqüentar classe especial, rebaixamento intelectual.

Por tudo que foi levantado, constata-se que aproximadamente 55% dos alunos que estão freqüentando essas classes não são clientela da educação especial.

A classe especial se configura, atualmente, no sistema estadual de ensino como única alternativa de atendimento a alunos que apresenta dificuldades no processo ensino-aprendizagem. Os alunos que compõem essas classes nem sempre trazem algum tipo de deficiência mental. O número de alunos encaminhados indevidamente para avaliação psicológica nos últimos anos vem aumentando assustadoramente. A implementação de estudos que conduzem a alternativa de soluções adequadas às diferentes situações vem se impondo diariamente de forma incisiva e urgente.

Diante de tal situação, a Secretaria de Estado da Educação suspende temporariamente a criação de novas classes especiais para deficientes mentais, visando equacionar o problema em que se insere a educação especial na rede estadual de ensino. Propõe-se a desenvolver o projeto "Redefinição do Atendimento Educacional no Estado de São Paulo", que objetiva assegurar:

– condições que viabilizem uma análise mais cuidadosa e efetiva dos deficientes casos/situações encontradas, a adoção de medidas que respondam com adequação e pertinência à natureza do atendimento demandado pelas características do alunado que apresenta dificuldades no processo ensino-aprendizagem, portador ou não de deficiência mental;

– a conseqüente reorganização da rede de educação especial, para que possa vir atender com propriedade e eficácia os alunos que comprovadamente dela necessitarem.

Convém lembrar aos psicólogos que:

– o motivo de encaminhamento é de responsabilidade do professor e diretor da unidade escolar e deve ser fornecido pela escola após criteriosa observação da criança;

– a avaliação da escolaridade, de competência do professor da classe, deverá incidir sobre o desempenho do aluno nas diferentes experiências de aprendizagem, levando em consideração os objetos visados;

ENSINO ESPECIAL E LEGISLAÇÃO

– o nível social e cultural da criança deve ser respeitado no processo ensino-aprendizagem;

– a estimulação cognitiva e de comunicação deve ser propiciada para a criança, de forma constante e efetiva, para não provocar uma defasagem intelectual e perceptivo-motora no desempenho escolar;

– dificuldades de aprendizagem, lentidão, rendimentos não-satisfatórios não significam necessariamente rebaixamento intelectual;

– na avaliação do nível intelectual, devem-se considerar não só os resultados quantitativos mas, principalmente, os **qualitativos**;

– a avaliação psicomotora deverá informar e orientar sobre as áreas de defasagem e as implicações que acarretam para aprendizagem, **norteando a ação do professor**;

– a observação da criança e sua interação durante as sessões são aspectos relevantes para o aparecer diagnóstico.

Esclarecemos, ainda, que o teste oferece parâmetros, põem seus resultados não são definitivos.

Problemas de ordem emocional podem causar **bloqueio** na aprendizagem e a escola deverá **esgotar** todos os recursos dos quais possa lançar mão, antes do encaminhamento, "respeitando o ritmo de aprendizagem individual e as características socioculturais" (Decreto nº 21.833, de 28/12/1993).

Ressaltamos que o "limítrofe" não se enquadra na categoria das deficiências, devendo, por isso, permanecer em classe comum e, como tal, receber tratamento semelhante ao dos outros alunos no que diz respeito a suas especificidades e ritmo de aprendizagem.

Conforme inciso III, item 2, da Instrução DAE/SE, quando o psicólogo considerar indispensável a participação de outro profissional, providenciará o necessário encaminhamento, aguardando o retorno da avaliação para depois emitir o parecer diagnóstico.

Julgamos oportuno registrar que a postura de associar os dados de evasão, repetência e fracasso escolar à desmotivação, carência cultural, problemas neurológicos, efetivos e/ou psicomotores pode dificultar a autocrítica da escola, seja quanto à sua inadequação em lidar com as crianças da classe trabalhadora, seja quanto ao autoritarismo que permeia as relações no cotidiano escolar ou aos preconceitos sociais existentes.

O avanço educacional atual exige um novo perfil de cidadão: criativo, inteligente, capaz de solucionar problemas, de se adaptar às mudanças do processo produtivo e, principalmente, de gerar, selecionar e interpretar informações.

O que se sabe é que cada vez mais as crianças com processos de ensino-aprendizagem diferentes ou deficientes são estigmatizadas em processos de avaliação de desempenho. Enquanto nos demais países do mundo todos os portadores de deficiência e os alunos portadores de distúrbios de aprendizagem são incorporados e trabalhados nas classes regulares; no Brasil, o processo de inclusão das crianças na classe comum vai exatamente na direção inversa.

Esse processo de rotulação e expulsão, base do fracasso escolar, vem sendo denunciado por pesquisadores ao longo do tempo.

Este evento pretende trazer discussões que possibilitem ao psicólogo e ao professor refletir a respeito das formas com as quais têm construído e encaminhado suas práticas. Não queremos o término da educação especial; porém, questionamos a forma pela qual vem sendo conduzida e o acesso a ela.

Precisamos rever e opinar sobre essa legislação, e o Conselho Regional de Psicologia precisa definir os critérios dessa avaliação.

PARTE III
Psicodiagnóstico e Avaliação

AS CLASSES ESPECIAIS E UMA PROPOSTA DE AVALIAÇÃO PSICOLÓGICA[1]

ADRIANA MARCONDES MACHADO
PSICÓLOGA DO SERV. DE PSICOLOGIA ESCOLAR
DO INSTITUTO DE PSICOLOGIA DA USP

MARILENE PROENÇA REBELLO DE SOUZA
PROFª DO DEPTO. DE PSICOLOGIA DA APRENDIZAGEM,
DO DESENVOLVIMENTO E DA PERSONALIDADE –
INSTITUTO DE PSICOLOGIA DA USP

YARA SAYÃO
SERVIÇO DE PSICOLOGIA ESCOLAR, USP

INTRODUÇÃO

A educação especial vem recebendo, nas últimas décadas, importantes contribuições nos âmbitos da pesquisa educacional e da discussão de políticas de participação social das crianças, adolescentes e adultos que possuem deficiências físicas e/ou mental. O avanço teórico e político vem modificando o lugar que a deficiência ocupa socialmente, mas a construção de projetos educacionais que questionem a exclusão ou a discriminação dessa significativa parcela da população ainda é um desafio a ser enfrentado pelos educadores.

As iniciativas para a inclusão, cada vez maior, da questão da deficiência nos mais diversos espaços sociais culmi-

---

[1] Este texto reúne duas apresentações realizadas no I Encontro de Educação Especial (outubro/1995, CRP-06): uma que discute a questão dos laudos psicológicos e as classes especiais; e outra, uma proposta de avaliação psicológica.

nam atualmente com "Declaração de Salamanca"[2], produto da Conferência Internacional que reuniu representantes de 92 governos e 25 organizações internacionais, realizada em 1994, na Espanha, apresentando um conjunto de princípios, políticas e práticas das necessidades educativas especiais e uma "linha de ação" com base em dois grandes eixos de atuação: a integração daqueles que possuem necessidades educativas especiais e o reconhecimento da necessidade de ações para se conseguir de fato uma "educação para todos", destacando-se os que são reiteradamente impedidos de participar do processo educacional.

O princípio da educação integrada prioriza a matrícula de todas as crianças em escolas comuns e lança o desafio da necessidade de as escolas desenvolverem uma pedagogia centrada na criança, educando com sucesso, inclusive aqueles que sofrem de deficiências graves. Essa integração não só tem como conseqüência oferecer um ensino de qualidade para todos, mas também considera fundamental a mudança de atitudes na comunidade em relação às deficiências.

Ao considerar dessa maneira o processo de escolarização, parte-se da constatação de que a exclusão escolar não incide sobre o deficiente apenas, mas sobre vários segmentos da população, destacando-se as parcelas mais pobres, as minorias lingüísticas, étnicas e culturais, e a observação de que, em muitos casos, os limites entre a deficiência e preconceito são muito tênues.

Por que a ênfase depositada sobre o processo de integração do deficiente no ensino escolar? Isso não significaria uma perda de conquistas sociais e políticas desse grupo?

---

[2] Esta declaração, denominada "Declaração de Salamanca e linha de ação: sobre necessidades educativas especiais", foi publicada no Brasil pela Coordenadoria Nacional para integração da Pessoa Portadora de Deficiência – CORDE, Brasília, 1994.

A respeito dessa questão, há uma análise importante feita por Bueno (1993)[3] – especialista brasileiro na área de educação especial – quando afirma:

"A educação especial tem cumprido, na sociedade moderna, duplo papel de complementariedade da educação regular. Isto é, dentro de seu âmbito de ação, atende, por um lado, à democratização do ensino, à medida que responde às necessidades de parcela da população que não consegue usufruir dos professos regulares de ensino; por outro lado, responde ao processo de segregação da criança 'diferente', legitimando a ação seletiva da escola regular".

Esse fato é observado na convivência com as tentativas de integração de crianças especiais ou das escolas especiais no ensino regular. As dificuldades são de várias ordens, mas se resumem basicamente a uma valoração negativa da deficiência, à descrença na capacidade intelectual da criança, ao desconhecimento de suas potencialidades para o aprendizado. E teoricamente é fato que os efeitos negativos das "profecias auto-realizadoras" – apresentadas no estudo de Jacobson e Rosenthal[4] há mais de trinta anos – são produzidos ainda hoje quando vemos no dia-a-dia do processo de escolarização de nossas crianças "diferentes", em detrimento de todas as propostas metodológicas utilizadas pela pedagogia nesse intervalo de tempo.

Como responder às necessidades educacionais dessa parcela da população sem segregá-la?

A psicologia escolar vem avançando significativamente, na última década, no que se refere ao conhecimento teóri-

---

[3] Trata-se do artigo intitulado "A Educação do Deficiente Auditivo no Brasil – situação atual e perspectivas". In Em Aberto, Brasília, 13 (60), out./dez., 1993.

[4] Jacobson L. e Rosenthal, J. "Expectativas de professores em relação a alunos pobres", In A Ciência Social num mundo em Crise, EDUSP/Perspectiva, 1973.

co sobre o processo educacional e à implementação de ações em parceria com profissionais da área de saúde mental e educadores de ensino pré-escolar e fundamental. No contexto educacional, uma das áreas que tem recebido especial atenção é a de educação especial, mais especificamente as crianças e adolescentes portadores de "deficiência mental leve" e sua relação com o processo de alfabetização. Constata-se, por exemplo, que, embora a criança na classe especial tenha como objetivo a alfabetização, não há seriação prevista e o critério de passagem para a classe comum passa a ser uma decisão apenas do professor.

A nossa experiência no Serviço de Psicologia Escolar do Instituto de Psicologia tem apontado para o fato de que alguns dos grandes problemas a serem enfrentados no caso de deficiência referem-se aos critérios pedagógicos que conduzem a criança ou o adolescente à categoria de "portador de deficiência mental", às baixas expectativas quanto ao desenvolvimento global de crianças e adolescentes e em especial daqueles que apresentam qualquer necessidade especial e à representação preconceituosa e excludente que os vários segmentos da escola possuem em relação às deficiências.

No caso específico da deficiência mental, o desafio maior concentra-se no trabalho do psicólogo, através do processo de avaliação psicodiagnóstica. A leitura de prontuários de alunos que freqüentam as classes especiais para deficientes mentais e dos laudos psicológicos emitidos demonstra os graves equívocos no processo de avaliação psicológica, quer em função de considerar que a base do problema escolar é de caráter estreitamente emocional, familiar e cognitivo, quer em função dos instrumentos utilizados tradicionalmente pelos psicólogos para sua realização. Tais instrumentos, em geral, são limitados no que se refere à avaliação do potencial de aprendizagem escolar, minimizando as possibilidades de ação educacional e de progresso na escolarização, tendo como conseqüência final a impossibilidade de inserção dessa criança no processo social, desrespeitando os direitos constitucionais e o Estatuto da Criança e do Adolescente em nosso país.

Uma das contribuições desse projeto se refere à importância de divulgar as novas constatações, objeto da pesquisa educacional, para educadores e profissionais de saúde que atuam diretamente com essa população, alvo de tais avaliações, a fim de construir uma outra prática de avaliação psico-educacional que leve em conta o desenvolvimento do pensamento infantil e as relações de aprendizagem estabelecidas com os professores no processo institucional escolar.

Apresentaremos um trabalho de avaliação psicológica feito em parceria com 22 escolas da 14ª Delegacia de Ensino da capital, que envolveu 139 crianças[5].

Esse projeto de avaliação é fruto de diversos encontros realizados com professores de educação especial dessa mesma Delegacia de Ensino, durante o ano de 1994, com a participação de alguns supervisores de ensino. As classes especiais foram criadas na Rede Pública Estadual de São Paulo com o objetivo de atender uma parcela da população portadora de deficiência física, auditiva, visual e mental leve. No caso da deficiência mental, a avaliação deve ser pedagógica e psicológica. Embora a Resolução SE nº 247, de 30/9/1986, esclareça a importância dos critérios de avaliação, estes não são explicitados na maioria dos laudos psicológicos realizados.

---

[5] A equipe de trabalho foi formada por Daniela Fuschini, Jaqueline Kalmus, Renata Paparelli, Renata Lauretti Guarido, Luciana Pérez de campos Pires, Vanessa Mies Bombardi, Aparecida Norma Martins, Ana Cristina Caldeira, Maria de Fátima Neves da Silva, Juliana Teles de Azevedo, Anabela Almeida Costa e Santos, Simone Aligieri, Yara Malki, Fernanda de Almeida Cavallante, Gustavo Martinelli Massola, Thaís Seltzer Goldestein, Adriana Marcondes Machado, Yara Sayão e Marilene Proença Rebello de Souza.

A origem desse trabalho encontra-se na grande preocupação que psicólogos e professores que compõem a equipe técnica do Serviço de Psicologia Escolar do Instituto de Psicologia da Universidade de São Paulo possuem em relação ao que acontece com a maioria das crianças que cursam as chamadas classes especiais de Rede Pública Estadual de ensino e principalmente com a maneira como tais crianças são encaminhadas para essas classes através de laudos ou pareceres psicológicos.

Na sua maioria, os laudos que constam nos prontuários escolares dos alunos das classes especiais são extremamente insatisfatórios e fazem afirmações que selam destinos de vida, quando afirmam, por exemplo, que tal criança é "definitivamente deficiente mental leve", ou que "é portadora de uma deficiência profunda". Essas afirmações, se em si são equivocadas porque não consideram o processo de desenvolvimento e de aprendizagem da criança avaliada, tornam-se mais graves ainda quando, em contato com essas mesmas crianças, não encontramos os sinais de debilidade afirmados categoricamente e descritos pelo profissional de psicologia.

Tais laudos refletem as propostas comumente utilizadas pelos psicólogos para avaliar as causas dos chamados problemas de aprendizagem que:

a) utilizam concepções superadas de inteligência, não considerando que grande parte do rendimento obtido no teste é fruto dos conhecimentos adquiridos na escola. Esses mesmos laudos em momento algum versam sobre os potenciais ou as possibilidades de desenvolvimento e de aprendizagem dessa criança, porque, sequer permitem que a conheçam um pouco mais ou ainda os processos escolares que a conduziram ao psicólogo;

b) os trabalhos de avaliação psicológica consideram, a priori, que a queixa escolar tem sua causa na criança

PSICODIAGNÓSTICO E AVALIAÇÃO

75

ou em suas relações familiares, desprezando os diversos processos e situações vividas no dia-a-dia escolar; o peso das afirmações da maioria dos alunos centra-se nas explicações a respeito das relações inadequadas de educação ou na concepção preconceituosa sobre as famílias de baixa renda;

c) na maioria dos casos, os psicólogos sequer conhecem as condições de ensino dessa criança, não fazendo, portanto, qualquer pergunta sobre a escola, o que se passa nela, desconhecem como é o dia-a-dia em uma classe comum e mais ainda na classe especial. No máximo, a relação entre psicólogo e escola é feita através de carta;

d) muitos desses laudos acabam sendo feitos como fruto da pressão da direção da escola sobre a mãe, impedindo o acesso de seu filho à sala-de-aula caso não seja apresentado, mostrando que o psicólogo desconhece os direitos civis constitucionais à escolarização.

Essas são algumas das dificuldades presentes nos pareceres e laudos que comumente encontramos nas escolas, que são assinados por profissionais que atuam tanto em clínicas privadas, quanto nas clínicas públicas.

UMA PRÁTICA DE AVALIAÇÃO PSICOLÓGICA[6]

A nossa proposta de avaliação de crianças encaminhadas por problemas no processo de aprendizagem baseia-se em princípios e concepções que divergem das anteriores. A nossa prática de dez anos em várias escolas públicas paulistas e as leituras críticas sobre o que se passa no dia-a-dia escolar nortearam a proposta que apresentaremos a seguir.

---

[6] Este capítulo faz parte da tese de doutorado de Adriana Marcondes Machado intitulada "Reinventando a Avaliação Psicológica", pelo Departamento de Psicologia Social, e do Trabalho, do Instituto de Psicologia da USP, 1996.

Partimos de suas questões fundamentais. A primeira diz respeito ao fato de que as causas da queixa escolar não podem mais ser atribuídas às crianças ou às suas famílias, mas que são fruto de relações instituídas diariamente na escola, dos processos que constituem a relação de aprendizagem e de construção do conhecimento ou, ainda, do conjunto de normas disciplinares que essa escola elege para garantir, do seu ponto de vista, a organização escolar. Essa concepção nos conduz a mudanças no eixo do nosso olhar crítico para os processos que constituem a relação ensinar-aprender, as representações que os professores têm a respeito de seus alunos, a maneira como as classes foram formadas, as estratégias de trabalho utilizadas pelo professor, os processos de avaliação, as descrições das queixas, as histórias escolares, dentre outros.

O princípio seguinte decorre do primeiro, ou seja, se a dificuldade de aprendizagem é fruto das relações instituídas na escola, é fundamental que se enfatize a participação ou envolvimento, o mais amplo possível, dos professores, das crianças, dos país e dos coordenadores para garantir a transparência do processo realizado e a apresentação contínua e clara dos motivos pelos quais esse trabalho se desenvolve. Professores e pais precisam ser co-participantes do processo de compreensão e análise das dificuldades enfrentadas no processo de escolarização.

Como construir de forma mais sistemática alguns passos ou elementos que orientem esse processo de compreensão de produção coletiva de queixa escolar?

A prática desenvolvida teve como objetivo construir uma forma de avaliar e problematizar o que nos parece fundamental para se compreender e intervir no fracasso escolar dessas crianças – as relações, os campos de forças, nos quais ocorrem os encaminhamentos de alunos da rede pública para avaliação psicológica. Avaliar implica problematizar a produção do encaminhamento, é algo que se dá em movimento. Com isso era possível, dentro dos limites de nosso trabalho, em cada caso encaminhado?

Foram-nos encaminhados 139 alunos de 22 escolas da rede pública estadual de São Paulo, pertencentes à 14ª Delegacia de Ensino. Esse trabalho é resultado da relação do Serviço de Psicologia Escolar, do Instituto de Psicologia da Universidade de São Paulo, com as supervisoras de educação especial da 14ª Delegacia de Ensino. Durante o ano 1994, houve encontros mensais com as professoras de classes especiais dessa Delegacia de Ensino. Durante o ano de 1995, aproveitando uma verba recebida pela Delegacia de Ensino para realizar 140 avaliações psicológicas em seus alunos – muitas vezes em clínicas particulares, que em geral realizam essas avaliações no mês de dezembro –, montamos uma equipe para executar esse trabalho.

As escolas enviaram listas para a 14ª Delegacia de Ensino que continham, cada lista, cerca de cinco nomes de crianças para as quais gostariam de um trabalho de avaliação psicológica.

Quais são as responsabilidades, os condicionantes institucionais e sociais que produzem o fracasso escolar de tantas crianças? Como é o campo de relações no qual se produz o encaminhamento de uma criança para avaliação psicológica?

Para termos acesso a esse campo, é importante conhecermos as várias relações que o habitam, interagirmos com as diferentes versões a respeito da criança, conhecermos o processo pelo qual se foi constituindo uma queixa em relação a ela.

BASTIDORES DO ENCAMINHAMENTO, HISTÓRIA ESCOLAR E VERSÃO DAS PROFESSORAS

As escolas pertencentes à 14ª Delegacia de Ensino (DE) receberam uma carta dessa DE, ao final de 1994, informando a possibilidade de encaminharem crianças para avaliação. Em meados de março, quando a equipe que realizaria o trabalho de avaliação estava montada, redigimos uma carta para apresentar nossa proposta. Essa carta foi enviada juntamente com o modelo do professor de avaliação que entregamos para a equipe de supervisoras da Delegacia de Ensino, esclarecendo nossa maneira de avaliar, diferente da tradicionalmente conhecida na escola: o psicodiagnóstico clínico.

Carta de apresentação

De: Serviço de Psicologia Escolar da
Universidade de São Paulo

Para: Direção de Professores da EEPG. _____

Assunto: Avaliação psicológica

Como deve ser de seu conhecimento, estaremos realizando neste primeiro semestre de 1995 as avaliações de 140 crianças encaminhadas pelas escolas da 14ª Delegacia de Ensino. Serão cerca de cinco crianças por escola. Após um ano de reuniões mensais com as professoras das classes especiais desta Delegacia e com as supervisoras de educação especial, foi-nos pedido que realizássemos as avaliações de forma a poder praticar o que teoricamente discutimos. As avaliações tradicionais, que descrevem diagnósticos sobre as crianças encaminhadas ou que simplesmente propõem que a criança vá para uma classe especial, depositam em apenas um ser algo que acontece no entrecruzamento de várias relações, desconsiderando o funcionamento das mesmas. São conhecidos os casos em que uma professora tem uma opinião diferente de outra a respeito de um aluno, pois cada relação funciona de forma singular. E, como saber se "a" classe especial irá ou não beneficiar uma criança se uma classe especial de uma escola funciona de forma tão diferente da de outra escola? vários fatores *devem ser pensados para se entender o encaminhamento de uma criança para avaliação psicológica.*

As crianças encaminhadas, seu familiares e professoras serão por nós atendidas na própria escola. Somos uma equipe de psicólogas que se dividirá para esse trabalho. É necessário que tanto crianças como pais sejam comunicados, pela direção desta escola, do pedido de avaliação feito pela mesma. É importante também que, durante esse processo, a criança continue a freqüentar normalmente suas atividades escolares. Isto é, o processo de avaliação não deve prejudicar a vida escolar da criança.

Em reuniões anteriores, combinamos com as professoras das classes especiais privilegiar os seguintes encaminhamentos: 1) crianças que freqüentam as classes especiais e que precisam de uma reavaliação; 2) crianças com no mínimo dois anos de escolaridade em classes comuns e que talvez possam se beneficiar de uma classe especial.

Em anexo, enviamos cópia do modelo do processo de avaliação que nos foi pedido pela Delegacia. Esperamos poder contar com sua colaboração e dos demais profissionais para coleta de dados em prontuários, uso de salas e conversas com equipe técnica. Colocamo-nos à disposição para quaisquer esclarecimentos.

Obrigada pela atenção.

São Paulo, 17 de fevereiro de 1995.

O modelo de avaliação proposto foi o seguinte:

* *Análise do histórico escolar da criança.*

* *Versão das professoras que trabalham com a criança a partir de 1994, sobre a criança e sobre nível pedagógico (bastidores do encaminhamento).*

* *Versão dos pais e visita familiar.*

* *Conversas com as educadoras com o intuito de conhecer a instituição e acompanhar os trabalhos realizados com as crianças.*

* *Encontros com as crianças (em pequenos grupos) para atividades lúdicas (jogos), discussão sobre o processo ensino-aprendizagem e sobre sua história escolar.*

* *Encontros individuais com o objetivo de entender melhor o funcionamento da criança perante certas atividades e aprofundar a discussão perante certas atividades e aprofundar a discussão sobre a produção do encaminhamento.*

* *Elaboração de relatórios individuais sobre cada criança a partir do conjunto do trabalho, discutido com a criança e entregue para a escola e para os pais.*

* *Elaboração de relatório sobre o funcionamento do trabalho em cada escola entregue para a escola.*

* *Elaboração de relatório geral sobre o trabalho nas escolas, entregue às mesmas e à 14ª Delegacia de Ensino.*

* *Reuniões finais (devolutivas) com professoras, pais e crianças.*

É importante que esses projetos sejam escritos e que o cronograma do trabalho seja entregue às escolas. Mesmo com esses cuidados, é comum haver desencontros.

Com a carta em mãos, fomos às escolas. Estávamos oferecendo um trabalho optativo, que poderia ou não ser aceito. Durante o processo do trabalho de avaliação nos pareceu que algumas escolas o aceitaram imaginando que, embora as estratégias fossem diferentes das de um trabalho clínico tradicional, os resultados seriam semelhantes.

Cada escola resolveu a montagem da lista com o nome das crianças encaminhadas de forma diferente.

Quem encaminhou a criança? Como as professoras se organizaram para o encaminhamento? O que esperavam do trabalho? Quem era essa criança? Qual sua história escolar? Que classe freqüentava? Qual a versão de sua professora sobre criança? Qual a queixa?

O bastidor do encaminhamento, a história escolar da criança e a versão (motivo do encaminhamento) do professor foram os três primeiros alvos da equipe de trabalho. Para mirá-los, não precisamos conversar com a criança.

A história escolar no prontuário foi um elemento importante para a conversa com professoras, pais e criança. Em muitos casos, existiam fatos, como mudanças de classe ou de professoras, que não constavam do prontuário. Conversando com os profissionais e familiares, fomos tendo acesso às histórias.

Pedimos para que os pais fossem comunicados do pedido de avaliação pela escola e para que as professoras que encaminharam as crianças conversassem com elas sobre esse pedido.

Muitas crianças nos foram encaminhadas por uma professora, mas estavam freqüentando a classe de outra, isto é, a professora que tinha um motivo e uma queixa para encaminhar a criança para avaliação psicológica não era sua professora atual.

Algumas questões eram do interesse desse trabalho e foram priorizadas na conversa com as professoras, tais como:

1 – Qual a preocupação e queixa a respeito da criança?

2 – Como está o processo ensino-aprendizagem? Como a criança age na sala de aula? E no recreio? Qual é sua freqüência?

3 – Dê exemplos de fatos, acontecimentos ou cenas com essa criança que lhe chamaram a atenção.

4 – Pequeno histórico da vida escolar da criança conhecido pela professora – quando entrou na escola, que classes freqüentou, quem foram suas professoras.

5 – Informações sobre a relação que estabelece com a família.

6 – Quais as hipóteses que formula para a problemática da criança?

7 – Quais as estratégias que elege para trabalhar com a criança? Já teve essa queixa com outras crianças? O que tentou?

Dessa forma, pouco a pouco, desenhávamos um campo no qual as opiniões, sensações, atitudes e ações se transformavam em forças desse campo.

Em muitos casos, as versões a respeito das crianças eram contraditórias ou desconhecidas. A professora atual não sabia que a professora anterior via "problemas de comportamento" na criança. Os pais não sabiam por que a criança estava sendo encaminhada para uma avaliação psicológica. A professora de educação física elogiava a criatividade e interesse de uma criança que foi encaminhada por ser "dispersa" e "apática" na classe. Em outros casos, pais e professoras já haviam discutido e conversado sobre o processo de escolarização das crianças.

Essas várias versões nos apontavam múltiplas realidades e relações. Em primeiro momento, quando nos eram relatadas, indicavam a forma arbitrária com que normalmente os trabalhos de avaliação são requeridos. Uma professora apontar o desinteresse de seu aluno, segundo seu ponto de vista, era justificativa suficiente para os profissionais da escola concordarem com o encaminhamento da criança para avaliação psicológica. Muitas professoras revelam concepções mitificadas a respeito da produção do fracasso escolar; outras incluíam as práticas do dia-a-dia escolar na produção do fracasso.

Durante o trabalho, foram se revelando as expectativas dos profissionais que encaminharam as crianças em relação ao trabalho do psicólogo. Algumas professoras pediam interlocução para pensar e discutir suas práticas, outras esperavam que validássemos, com um diagnóstico, uma versão já existente a respeito da criança na escola, outras supunham que para realizar um trabalho de avaliação fosse suficiente encontrarmo-nos, e individualmente, com a criança encaminhada.

As hipóteses formuladas a respeito da produção dos encaminhamentos são apropriadas conforme as concepções e expectativas em relação ao trabalho de avaliação psicológica, devendo, por isso, ser temas problematizados em nossos encontros com as professoras.

As professoras tinham também uma história profissional que podia esclarecer certas questões. As relações em uma sala de aula são complexas e determinam o dia-a-dia da vida escolar da criança. Portanto, interessava-nos saber:

– a história da formação dessa classe;

– o critério de escolha da professora para lecionar nessa classe;

– como é a relação dessa professora com as outras professoras;

– como foi sua formação profissional, há quanto tempo está na escola;

– que problemas enfrenta; e

– a sua opinião sobre a escola.

Foi comum encontrarmos crianças que freqüentavam as classes dos alunos "lentos" e "repetentes" não conseguirem aprender, sentirem-se incompetentes e serem encaminhadas para a avaliação. Também encontramos professoras que, embora com boa vontade para trabalhar com essas classes, não as escolheram e algumas delas não acreditavam nesse tipo de formação de classe.

No contato com uma professora de classe especial, é importante saber qual a função dessa classe especial na escola, quem a freqüenta, qual a idade das crianças, se há circulação para a classe comum, como as ´professoras da classe comum consideram a classe especial, qual a relação das crianças de classe especial com as crianças de classe comum (há alguma atividade conjunta?), qual a história dessa classe especial na escola.

Encontramos ainda, o caso de uma criança que gostava da professora da classe especial e vislumbrava a possibilidade de voltar para a classe comum, sentindo medo dessa mudança, pois foi na classe especial que conseguiu aprender; efetuava tendências diferentes em relação ao caso de outra criança que freqüentava uma classe especial funcionando como depósito, sem passagem para classe comum.

Preenchemos, nesse primeiro momento, uma ficha da escola e a tabela da história da criança:

Ficha técnica – escola

Nome da escola-

Ano de criação da escola –

Endereço (rua, bairro) –

Telefone –

Nome da diretora –

Vice –

Nº total de alunos –

Nº de professores –

Número de salas/série:

CBI	CBC	CE	3ª	4ª	5ª	6ª	7ª	8ª	1º	2º	3º

Obs: CBI – Ciclo Básico Inicial; CBC – Ciclo Básico de Continuidade; CE – Classe Especial.

Há coordenação de CB? ☐ *sim* ☐ *não*

Se sim, nome da coordenadora –

Nº de crianças encaminhadas –

Nº de professores que encaminharam crianças –

Tabela com história escolar da criança

anos	série que freqüenta	Série matriculada	nome da escola	local	nome das profas.
19					
(até ano atual)					

Em "série que freqüenta", especificar os períodos nos quais houve mudanças durante o ano (ex: fevereiro – CBC, março – Classe Especial).

O olhar, que incide sobre a instituição encaminhadora, possibilita-nos perguntar sobre os critérios de admissão e de transferência de alunos, os critérios de atribuição de classes, a população atendida, o funcionamento das discussões e relações entre professoras (HTP – hora de trabalho pedagógico) etc.

Em uma mesma rua, duas escolas públicas estaduais podem agir de forma totalmente diferente. A escola X era bem-vista, elogiada, professores e pais estavam satisfeitos por estarem lá. A escola Y era criticada, com problemas. Ficamos sabendo que a escola Y aceitava as crianças e os casos recusados pela escola X.

CONVITE PARA O TRABALHO, ENCONTRO COM A CRIANÇA E OS PAIS

Encontro com a criança

Entramos em contato com a criança a fim de lhe apresentar o motivo do encaminhamento. Existe uma preocupação e queixa a respeito dela; ela sabe qual é? O que pensa sobre isso?

O diálogo era franco, apresentávamos nossas idéias e buscávamos esclarecer nossos objetivos. Nesse encontro, discutimos a história escolar do prontuário e conversamos sobre existência do pedido de avaliação.

Durante o trabalho, passamos a pedir para que a professora conversasse com a criança sobre o fato de a estar encaminhando para uma avaliação psicológica, antes de nosso primeiro encontro com a mesma.

Propusemos, para esse trabalho, cerca de cinco encontros em grupo com as crianças encaminhadas da mesma escola e alguns encontros individuais (três), nos quais buscamos conhecer, conversar, jogar, brincar, com o intuito de pensar com a criança sua história escolar e a produção do encaminhamento para a avaliação psicológica. Conquistar uma relação na qual a criança produzisse conhecimentos era nosso desafio.

Qual a versão da criança sobre sua história escolar? Quais suas hipóteses para o que acontece? Quem são seus amigos? Onde senta na sala de aula? De que matéria gosta mais? O que pensa da escola? Com quem mora? Quais as atividades que faz fora da escola? Essas eram algumas questões que consideramos importante conhecer para entender a queixa escolar apresentada.

PSICODIAGNÓSTICO E AVALIAÇÃO   87

Nesse primeiro contato também enfatizamos o interesse em conversar com os pais da criança, já anotando horários de trabalho, telefone e endereço.

O trabalho era optativo e cada criança fez uso dele de forma diferente.

Versão dos pais

Ainda no início do trabalho, conversando com a equipe do projeto, organizamos uma lista de questões que nos interessaria pesquisar ao conversar com os pais. Dados como saúde da criança e dos familiares, história dos primeiros anos de vida podiam revelar questões importantes em alguns casos. Mas, "calejados" pelo fato de a maioria das crianças encaminhadas pelas escolas não ter problemas orgânicos e talvez pelo cansaço de certos clínicos que somente dão ênfase a questões individuais da criança e seu desenvolvimento, esse item apareceu na primeira conversa com os estagiários, na ocasião do levantamento das questões a serem pesquisadas[7].

Precisávamos saber a versão dos pais sobre a criança e sobre a queixa em relação a ela. Que hipóteses e opiniões tinham para a problemática que se apresentava? Como a criança era em casa? Como era a relação da criança e dessa familia com a escola e com a professora?

Algumas questões nos intrigavam: Como era o dia-a-dia da criança em casa? Com quem vivia? Quantos irmãos tinha,

---

[7] Marilene Proença Rebello de Souza desenvolveu uma pesquisa de doutorado intitulada "A queixa escolar e a formação do psicólogo" (1996) na qual discutiu os prontuários das crianças atendidas em algumas clínicas-escola de faculdades de psicologia de São Paulo. Existem crianças que chegam a essas clínicas com "queixa de repetência". Embora encaminhadas para atendimento psicológico por estarem há muitos anos na mesma série sem aprender, não constavam dos relatórios sobre os atendimentos informações a respeito das histórias escolares, como por exemplo, há quantos anos a criança repetia a mesma série.

qual seu lugar na família? Qual a trajetória familiar? Qual a escolaridade dos membros da família? Qual a expectativa em relação à escolaridade da criança encaminhada? Quais as condições de moradia e de sustento da família atualmente? Como era a saúde dos familiares e da criança? Como foi o desenvolvimento da criança?

Interessava-nos também a rotina da criança em relação às atividades escolares, a fazer lições de casa, assistir à televisão, brincar.

Em muitos casos, chamamos os pais à escola para uma entrevista. Alguns comparecem, muitos não, embora tivéssemos o cuidado de marcar horários nos quais, segundo a criança, os pais não estariam trabalhando. De forma alguma podemos interpretar esse fato como desinteresse, como nos ficou claro durante o contato que tivemos com eles. As questões práticas (nós marcávamos um horário sem combinar anteriormente com os próprios pais; normalmente esse horário era na hora do almoço ou no final da tarde, horários de "Correria") somadas às questões afetivas (muitos pais estavam desanimados para irem à escola ouvir problemas a respeito de seus filhos; alguns se sentiam cobrados pela escola, sem idéias do que poderiam fazer) levaram-nos às visitas domiciliares.

Para realizarmos as visitas familiares, perguntamos às crianças e a seus pais da possibilidade de irmos às suas casas para conversar sobre os acontecimentos escolares.

Na maioria dos casos, a visita familiar era vista positivamente. Às vezes, uma criança não queria que visitássemos sua casa. José apanhava de seu pai. A escola o repreendia, pois José costumava bater em seus colegas. Para ele, se fôssemos à sua casa, seu pai iria bater nele por estar dando trabalho na escola.

Vai-se configurando um funcionamento que de forma alguma será julgado. Existe uma criança, com uma certa história e características, que vive uma história escolar também

PSICODIAGNÓSTICO E AVALIAÇÃO 89

com características singulares. Os dados familiares não servem para justificar o que acontece com a criança, mas sim para entender melhor esse campo de relações no qual foi sendo produzida a queixa, com o **intuito de movimentá-lo**.

TRABALHO EM GRUPO E ENCONTROS INDIVIDUAIS

Trabalho em grupo

Nos encontros em grupo com as crianças (cerca de cinco), tivemos a oportunidade de viver um processo no qual pensamos o sentido do que acontecia e produzimos urna história com começo, meio e fim. O grupo era trabalhado de forma a intensificar a diversidade. Apareciam várias maneiras de agir, de sentir e, como já dissemos, elas não eram julgadas, mas sim pensadas. Durante os encontros em grupo, conquistamos acontecimentos que eram objetos de conversa nos encontros individuais. Conversávamos com as crianças sobre as queixas a respeito delas, remetendo-nos a cenas ocorridas nos encontros.

Natália, 8 anos, ficou quieta no encontro individual em que a convidei para o trabalho, parecendo amedrontada. Logo no primeiro encontro em grupo, acompanhada pelas outras crianças, Natália brincou, riu e pediu para que eu fechasse os olhos enquanto ela desenhava na lousa.

Várias atividades aconteceram nos grupos. Levamos alguns jogos e material gráfico no primeiro dia. Nossa tarefa era conhecer melhor as crianças, conquistar uma relação na qual se pudesse pensar e conversar com elas sobre sua vida escolar.

Um jogo muito comum nesse trabalho foi o *jogo do percurso*. Nele, existe um caminho a ser realizado, uma saída e um objetivo a alcançar. Joga-se o dado e anda-se o número de casas correspondentes ao número do dado. Cada casa tem uma tarefa, decidida pelas crianças. Dar uma cambalhota, contar uma história triste rindo, escrever uma palavra...

Dos gestos vividos não produzimos deduções, mas perguntas. Tatiane não sabia escrever. Paula sentindo pena, escrevia por Tatiane e depois dizia: "Parabéns, Tatiane, está lindo"! O que os lugares ocupados produzem? O que o impedem?

Nos jogos realizados, as crianças "vivenciam regras, discutem, fazem negociações, levantam hipóteses e, sobretudo, aprendem com o outro e consigo próprias" (Rabioglio, 1995, p. 142). Sentamos com as crianças e jogamos. Certa vez, durante um jogo de memória, apareceu a figura de um violão. Thaís, estagiária, contou para a criança que gostava muito de música. Dessa conversa surgiu a idéia do show de calouros.

Também nos interessava perceber como se organizavam com o material, sem haver uma atividade diretiva. Sempre levamos material para que as crianças construíssem o que quisessem.

Estabelecemos, juntamente com as crianças, algo visual que pudesse ir mostrando o "tempo do grupo", como algumas crianças chamavam. O desenho de uma pizza, de um trem, no qual, a cada encontro, se preenchia uma "fatia de pizza", ou um "vagão do trem" com um desenho, um sinal, ou com o nome das crianças que vieram.

As crianças, algumas vezes, achavam que não iríamos mais voltar depois do primeiro encontro. Essa insegurança se justifica por uma série de acontecimentos em seu dia-a-dia. Por exemplo: um dia elas são avisadas que depois de uma semana sua professora entrará de licença, em um outro dia sua casa é desapropriada para construção de uma nova avenida. Existiam problemas de comunicação no nosso trabalho com a escola, assim como na relação Escola/ Delegacia de Ensino. Por isso a necessidade de termos o telefone da escola e darmos o nosso. Às vezes, era uma reunião extra de professoras; às vezes, um passeio com as crianças, e o encontro em grupo não acontecia.

Os feriados e as semanas nos quais não haveria encontro, tentávamos prever em nossa "pizza".

É importante ressaltar que durante os grupos íamos também tendo contato com os acontecimentos na escola. Muitos deles eram temas nos encontros com as crianças. Outro dia, em uma escola, algumas crianças não participaram da dança na festa junina, pois estavam de castigo. Uma das crianças era do grupo. Sua brincadeira, naquele dia, foi colocar todos de castigo.

Os encontros em grupo sempre foram uma alternativa para o trabalho nas escolas. Nesses encontros, conteúdos são mobilizados e atualizados – por exemplo, a fantasia de loucura quando participam crianças das classes especiais e crianças das classes comuns.

Marcamos encontros individuais com as crianças para pensar os acontecimentos da vida escolar, dos encontros em grupo, do conteúdo dos prontuários etc. Com a vantagem de termos interagido com elas nos grupos, conhecemos as crianças em várias relações, em um campo que viabilizava diversas tendências. E, se falamos de crianças com histórias escolares cronificadas – muitas com a mesma queixa há muito tempo –, intensificar a diversidade é fortalecedor.

Encontros individuais com a criança

Nos encontros individuais, levamos jogos, material gráfico, livros e a tabela com a história escolar da criança, querendo aproveitar ao máximo a possibilidade de pensar mais intensamente sua história escolar.

Conhecemos a criança aprendendo regras de jogos e pesquisamos questões do processo ensino-aprendizagem. Algumas crianças nos apresentavam capacidades que não se revelavam em suas relações escolares. Essa contradição foi freqüente em nosso trabalho. Percebemos que a vida escolar pode destruir a auto-estima, a confiança e a saúde mental da criança. Assim como pode ter efeitos fortalecedores, de conquista de cidadania, capacidade e respeito.

No modelo do processo de avaliação entregue à 14ª Delegacia de Ensino e às no início do trabalho (apresentado no início deste artigo), deixamos claro que não usaríamos testes para a avaliação. Como tão bem expressa Collares (1994), contando o modo de trabalhar na avaliação de crianças encaminhadas como portadoras de "problemas de aprendizagem" e de "distúrbios",

> *"a partir de suas atividades rotineiras, preferencialmente as ligadas a brincadeiras, ao lúdico, deduzia-se o significado de cada uma destas atividades em termos de desenvolvimento. Por exemplo, se uma criança sabe fazer pipa, ela tem uma boa coordenação visomotora. Essa forma de avaliação tem o sentido inverso dos testes padronizados, em que uma atividade previamente estabelecida é a única forma aceita para avaliar uma determinada capacidade. Ao invés de a criança ter que fazer o que o avaliador sabe avaliar, é o avaliador que tem que enfrentar o desafio de transformar em avaliação o que a criança sabe e gosta de fazer. A objetividade de um teste não é maior do que a forma proposta, pois a subjetividade se coloca não pelo instrumento, mas pelo pesquisador enquanto homem, ser social" (p. 180).*

Pato (1990), convivendo com crianças multirrepetentes, estimagmatizadas, muitas vezes se sentindo incapazes, revela-nos as possibilidades de encontros com essas crianças: uma menina de 9 anos, de cujo diagnóstico constava "inteligência e resultado de capacidade verbal e de execução abaixo da média", surge na relação com a pesquisadora curiosa, observadora, esperta:

PSICODIAGNÓSTICO E AVALIAÇÃO

93

> *"A maneira precisa como realiza trabalhos domésticos, a forma coordenada e harmoniosa como canta e dança, o equilíbrio e agilidade com que sobe na laje da casa, a propriedade com que expressa suas idéias e o grau de detalhe com que evoca as estórias que lê com a pesquisadora afastam qualquer possibilidade de se tratar de um quadro de distúrbio de atenção (...) e muito menos de 'deficiência mental' " (Patto, 1990, p. 298).*

Um menino, que cursava a primeira série pela terceira vez, com 9 anos, foi diagnosticado por um psiquiatra aos 7 anos de idade como tendo "oligofrenia leve". Isso foi o suficiente para justificar seu fracasso escolar. No contato com a pesquisadora, ele impressionou por suas habilidades; construiu brinquedos, inventou novos formatos de pipas com pedaços escassos de papel, exigindo competência para lidar com noções de espaço e superfície com o intuito de planejar e antecipar resultados (*ibid.*, p. 326) e criou arapucas equilibradas em pequenas varetas.

Essa criança, que amava o vento e as pipas, tem escrito em seu laudo:

> *"Apresentou dificuldades nos subtestes que exigem atenção, concentração, resistência à distração e memória imediata. (...) Revelou dificuldades em planejar uma ação (...)"* (ibid., p. 330).

Mindrisz (1994) relata um trabalho de reinserção dos alunos de classes especiais nas classes regulares, através do Serviço de Educação Especial da Prefeitura de Santo André, em 1991, que buscava garantir a permanência desses alunos mediante práticas pedagógicas atuando diretamente com professoras que possuíam alunos portadores de deficiências em sua classe. Para mapear as crianças que seriam atendidas por esse serviço, não foram utilizados testes psicológicos, por se entender que "esses instrumentos tinham um caráter ideológico, que se traduzia na legitimação da exclusão do aluno diferente" (Mindrisz, 1994, p. 8). O trabalho foi desenvolvido por meio de interação com o aluno, com sua classe e com o professor.

O que a criança pensa a respeito do motivo que a levou para avaliação psicológica? Como problematizar a resposta imediata a essa pergunta, na qual a criança diz "não sei"? Se o motivo do encaminhamento diz respeito à aprendizagem (por exemplo, "aprende mas esquece"), é importante pensarmos com a criança essa questão em território produtor e fortalecedor.

A criança sabe ler e escrever? Qual a sua hipótese a respeito da escrita? Ela faz contas abstratamente?... Pesquisar esses temas é algo delicado, pois a criança que se sente incapaz tende a viver seu "não saber" como fracasso e não como desafio. Por isso, antes de tocarmos nesses assuntos, às vezes tão sofridos para algumas crianças, garantíamos sua produção de conhecimentos em outros territórios. O desafio em conseguir que a criança produzisse conhecimentos, no caso de crianças muitas vezes com uma relação desgastada e/ou estigmatizada no processo ensino-aprendizagem, era nosso. Descobrir e efetuar o que a criança sabia e gostava de fazer viabilizava uma relação na qual ela se tornava capaz de aprender a pensar.

Tatiane dizia que não sabia qual era a letra "A", mas reconhecia seu nome, nomeava cores e bichos. Tatiane não gostava de perguntas sobre letras e números. Dizia, cansada: "Letrinha, não". Queria voltar logo à brincadeira de casinha que estávamos fazendo. Resolvi então perguntar para a boneca, que era sua "filhinha", qual era a letra "A". Propondo uma brincadeira, disse à Tatiane que se ela quisesse poderia ajudar a boneca, mas teria que ser bem baixinho, de forma que eu não escutasse. O desafio passou a ser me enganar. Eu perguntava para a boneca a vogal e Tatiane falava baixinho no ouvido da boneca. Sua boneca demonstrou saber reconhecer e nomear acertadamente as vogais. E Tatiane também.

Ocorre um processo de produção de conhecimento em nossa relação com a criança.

Durante o tempo dos grupos e atendimentos individuais, continuamos o contato com as professoras. O que tem acontecido na sala de aula durante o trabalho? O que tem sido tentador?

RELATÓRIOS E REUNIÕES FINAIS

Redigimos três tipos de relatórios:

1- Para cada escola – relatório sobre a **instituição** onde o trabalho foi realizado.

2- Para a criança, pais e professoras – relatório sobre cada **encaminhamento** atendido (uma cópia para a escola e outra para a família).

3- Para cada escola e para as supervisoras de educação especial da 14ª Delegacia de Ensino – relatório sobre as questões **gerais** que apareceram no trabalho com as dezessete escolas atendidas durante o 1º semestre de 1995[8].

Defender uma teoria e um discurso crítico a respeito da educação pública no país é freqüente. Fazer uma prática crítica é mais difícil. Escrever criticamente, sem condicionar a realidade, sem restringir, é um desafio. Nossos relatórios pretendiam considerar os mecanismos do dia-a-dia escolar relacionados à produção do encaminhamento da criança para avaliação. Os relatórios somente seriam considerados bons se tivessem esse tipo de efeito em suas leituras.

Os roteiros a seguir apresentados foram criados durante os anos de 1995 e 1996. eles foram sendo redefinidos no de-

---

[8] Das 22 escolas, cinco foram atendidas durante o 2º semestre de 1995.

correr do trabalho de avaliação e durante a análise da realidade que conhecemos. Como já dissemos, alteramos posturas e práticas quando percebíamos a necessidade de mudar.

Roteiro para relatório sobre a escola

* Ficha técnica da escola (preencher ficha apresentada no momento 1 do trabalho).

* Pequeno histórico sobre o trabalho nesta escola.

* Bastidores dos encaminhamentos:

  – de quem partiram as queixas;

  – como foi o processo de formação da lista de crianças (houve discussão de prioridades, uma professora sozinha encaminhou...);

  – com quantas crianças e quantas professoras trabalhamos;

  – quais as queixas apresentadas.

* Objetivo de nosso trabalho (pensar que questões?).

* Processo de trabalho com a escola:

  – como ficou organizado nosso enquadre, o que fizemos.

* Dados sobre a escola que chamaram a atenção:

  – critérios de formação de classes;

  – relação da professora de classe especial com a professora de classe comum;

  – existência e funcionamento da classe especial.

* Relação da escola com o trabalho, expectativa em relação ao trabalho do psicólogo.

PSICODIAGNÓSTICO E AVALIAÇÃO 97

* Funcionamentos institucionais que tenham importância para a compreensão da queixa e sugestões.

* Tabela com os dados gerais das crianças encaminhadas (em anexo).

* Efeitos do trabalho na escola: se houve possibilidade de discussão dos casos e quais os efeitos do trabalho (se consideraram satisfatório ou não). Acrescentar considerações a respeito da devolutiva geral do trabalho e se houve reunião com grupo de professoras.

A demanda em relação ao trabalho de avaliação psicológica variou de caso para caso. Existiram escolas que nos encaminharam crianças que apresentavam "comportamento indisciplinado", esperando que pudéssemos acalmá-las, outras nos enviaram crianças de classes especiais que estavam tendo dificuldades de serem recolocadas nas classes regulares, pois as professoras dessas classes receavam lecionar para ex-alunos das classes especiais, outras nos pediram ajuda para pensar formas de abordar temas como uso de drogas, sexualidade etc.

O trabalho avaliava a possibilidade de mudanças nas histórias escolares das crianças encaminhadas, produzidas nas relações cotidianas de cada escola; por isso era necessário que as mesmas constassem de nosso trabalho de avaliação e de nossos relatórios.

Roteiro para relatório sobre o encaminhamento das crianças

Os relatórios individuais sobre cada encaminhamento eram lidos com as crianças e entregues para os pais e professoras com o objetivo de realizarmos discussões sobre os mesmos. Vale ressaltar que as questões abaixo não deveriam necessariamente constar dos mesmos. A orientação era a seguinte: após redigir os dados de apresentação da criança, sua história escolar e o motivo pelo qual a criança fora encaminhada, escrever sobre o trabalho, sem seguir roteiros. Os itens abaixo eram úteis para inspirar e sugerir algo que faltasse nos relatórios após essa escrita inicial.

Queríamos uma linguagem na qual as várias histórias sobre os encaminhamentos fossem sendo desveladas.

Assim como nos relatórios sobre as escolas, os itens abaixo foram sendo definidos durante o trabalho. Alguns deles, como, por exemplo, escrever comentários sobre as reuniões finais (e discussão dos relatórios) com as crianças, pais e professoras, foram incluídos após o término do trabalho do primeiro semestre, quando percebemos a importância de essas informações constarem dos relatórios.

Dados gerais

– Nome da criança, idade, escola, série da professora atual e da professora que encaminhou a criança para o trabalho. Com quais professoras a criança estudou durante o período de avaliação?

– Qual a história escolar da criança, desde a data em que entrou, pela primeira vez, para a escola até hoje? Incluir informações de secretaria (por exemplo, em que sala está matriculada) e de conversas informais (preencher tabela apresentada no primeiro momento do trabalho).

– Qual a demanda do trabalho (pedido de laudo ou diagnóstico)?

– Que queixas ou preocupações motivaram o encaminhamento da criança para o trabalho (comportamento, aprendizagem ou institucional)?

– De quem partiram essas queixas?

Versões a respeito da criança

* Professora atual

PSICODIAGNÓSTICO E AVALIAÇÃO

- Qual a versão sobre a criança?

- Se o encaminhamento foi realizado por outro profissional que não a professora atual (professora anterior, coordenadora, direção), qual a versão da professora atual sobre o motivo de encaminhamento?

- Hipóteses e concepções da professora sobre a problemática (as versões sobre a família devem constar se tiverem relação com a produção da queixa).

- Características dessa classe (classe dos "lentos"...) e dos critérios de atribuição de classe. A professora optou lecionar para essa classe?

- Se for a criança de classe especial, a professora concorda com a participação da mesma nessa classe?

- Avaliação pedagógica da professora sobre o processo ensino-aprendizagem.

- Estratégias que têm sido adotadas em relação à queixa.

- Relação da professora com a criança. Como a professora tem se sentido (efeitos na professora) e diagnóstico sobre a criança.

* Outros profissionais e professores (incluindo a professora que encaminhou a criança, se não foi a professora atual)

  – Que versões apresentam sobre a criança?

  – Que concepções e hipóteses circulam pela escola a respeito do fracasso escolar da criança?

* Família

  – História familiar e dados familiares que tenham importância para entender a história escolar da criança, a produção da queixa escolar e conhecer melhor a criança (relação dos pais com a escola, com quem a criança vive...). Dados socio econômicos.

- Visão de familiares sobre a criança em casa e na escola.

- Hipóteses da família (quem da família?) sobre a queixa.

- Informações sobre o desenvolvimento da criança, história de doença. Existe algum **laudo ou diagnóstico** sobre a criança? O que ele diz?

* Criança

- Enquadre do trabalho com a criança (de quantos encontros participou).

- O que a criança fala dela?

- O que pensa sobre a queixa, versão sobre sua história escolar.

* Nossa versão

- Descreva o **processo** de participação da criança no trabalho: no **grupo** – com coordenador, com outras crianças; nos encontros **individuais** – com coordenador, nas tarefas e jogos propostos. Falar da produção dela nos encontros.

- Quais os efeitos na criança (como a mesma se apresenta, o que sente)?

- Eleger cenas, falar das faltas, do **movimento** dela no grupo e nos encontros individuais.

- Caracterizar o nível de alfabetização da criança pesquisando durante nosso trabalho e a relação que a criança estabelece com a aprendizagem formal (se reescreve histórias, pensa os conteúdos, tem conservação).

- Nossa versão a respeito do motivo que levou ao encaminhamento da criança: esses motivos se revelaram conosco? Como foram trabalhados?

Dados finais

* Opinião da professora e nossa opinião sobre o movimento da criança durante o tempo do trabalho conosco. Houve alguma mudança na história escolar da criança? E, se houve, a que devemos essa mudança (relação com professora, novas estratégias, tempo)?

* Como foi a participação da professora da criança no trabalho? Durante o trabalho e nas reuniões finais, foi se revelando a expectativa em relação ao trabalho do psicólogo. Qual foi essa expectativa?

* Quais as nossas hipóteses em relação à produção do encaminhamento da criança para o trabalho? (momento de pensar as relações entre as versões pesquisadas, de relacionar os acontecimentos da vida escolar com a produção da queixa).

* Apontar necessidades e sugestões, justificando-as (contextualizando-as).

* Incluir comentários sobre as **reuniões finais** com as crianças, professoras e pais. Quais as críticas ou pontos em comuns em relação às questões apresentadas por nós? Houve possibilidade de discussão em grupo de professoras?

Qualquer sugestão devia ser considerada, dadas as condições presentes. Por exemplo, sugerimos que Maria saísse da classe especial para estudar com a professora Paula. Esta, professora do ciclo básico, a aceitou em sua sala, pois teve uma experiência com Maria em um dia em que a professora da classe especial faltou. Foi possível iniciar o processo de retorno à classe regular, pois Maria desejava sair da classe especial, a professora Paula acreditava que ela tinha capacidade de aprender; a professora da classe especial nos revelou que não achava Maria "deficiente" e os pais de Maria concordavam com essa mudança. Se a professora Paula não estivesse mais na escola, essa sugestão deveria ser repensada, pois é fundamental que a criança esteja com uma professora que acredite em sua capacidade; caso contrário, pode se confirmar sua hipótese de fracassada. Portanto, não basta concluirmos "*a criança deve sair da classe especial*". Precisamos justificar nossa hipóteses, incluir a realidade das classes especiais (que segregam) e apontar sugestões considerando a dinâmica da escola.

RELATÓRIO GERAL

O relatório geral sobre o trabalho nas escolas foi escrito em julho de 1995 (entregue para cada escola e para a 14ª Delegacia de Ensino). Como dissemos, a intenção dos relatórios era ajudar a pensar os casos encaminhados e as situações conhecidas por nós durante o trabalho.

No início de setembro de 1995, houve uma reunião na 14ª Delegacia de Ensino, quando foram convidadas as professoras que haviam participado do processo de avaliação, as professoras de classes especiais e as coordenadoras do ciclo básico (antigas 1ª e 2ª séries) para uma discussão sobre o trabalho realizado. Fiz uma apresentação da história, objetivo e considerações a respeito do trabalho.

Os efeitos nas escolas foram, como não poderiam deixar de ser, diversos. As professoras, em sua maioria, ficaram satisfeitas com o *trabalho*, mas muitas se queixaram dos *relatórios*. Uma das professoras revelou estar desapontada pelo fato de não haver menção no relatório *geral* ao esforço e à produção das professoras, tendo ficado satisfeita com os relatórios sobre *as crianças e sobre a escola*.

Como bem lembra Bourdieu (1983, p. 13), "a comunicação se dá enquanto interação socialmente estruturada", isto é, quem fala entra em comunicação num campo em que as posições sociais, as relações de poder, se encontram estruturadas, reproduzindo a distribuição desigual de poderes no nível da sociedade global. Algumas professoras se sentiram julgadas. Éramos psicólogas da USP, contratadas pela 14ª Delegacia de Ensino, escrevendo nossas versões.

Resolvemos redigir uma introdução esclarecendo os objetivos do relatório geral e marcar outra reunião para discutir tanto essa introdução como o relatório geral, pois a maioria das professoras não o havia lido. Foram realizadas três reuniões para discussão. Com as cinco escolas que estavam sendo atendidas no 2º semestre de 1995, fomos praticando o que havíamos aprendido durante o primeiro semestre. Aparando as arestas...

Embora durante o trabalho fôssemos ao mesmo tempo conhecendo, interrogando, discutindo nossas hipóteses, conversando com as professoras, pais e crianças sobre as várias versões, incluindo as nossas – não há cisão entre o momento de conhecer e o de "desenvolver" esses conhecimentos –, os relatórios escritos ao final do trabalho produziram efeitos diferenciados daqueles obtidos durante as conversas.

Portanto, defendemos que os trabalhos de avaliação não podem terminar com a entrega dos relatórios. Essa etapa deve ser seguida de discussão dos mesmos, pois os efeitos produzidos são também da responsabilidade de quem os escreve. Quando não há possibilidade de se ler e discutir esses relatórios com as pessoas envolvidas no trabalho, em razão de o cotidiano escolar ter muitas alterações no final dos semestres e principalmente no final do ano (reuniões de professoras com dispensa de alunos, crianças que param de ir à escola, professoras que tiram licenças-prêmio etc.), *precisamos retornar às escolas no início do semestre seguinte* para fazer valer nossas idéias e sugestões. Não é suficiente simplesmente "estarmos disponíveis para esclarecimentos".

O conteúdo do relatório, além de ter uma linguagem acessível, *deve problematizar o motivo pelo qual foi pedida a avaliação*. A questão não é dizer concordo ou discordo com a versão da professora em relação à criança e apresentar a nossa, mas sim pensar como se tornaram, viáveis as várias versões. Pois elas existem.

Embora tivéssemos a intenção de pensar as produções no cotidiano escolar, algumas de nossas colocações a respeito do funcionamento da relação professor/criança tiveram como efeito professoras que se sentiram julgadas. A estrutura escolar é julgada, dita regras sobre o que é certo e o que é errado **ser** e é raro o diálogo entre profissionais no qual o trabalho pedagógico possa ser analisado e criticado.

Como possibilitar a discussão em relação ao conteúdo do relatório?

Decidimos, quanto aos relatórios sobre as crianças encaminhadas e sobre as escolas, que não mais usaríamos frases (sic) transcritas literalmente da fala das professoras sobre as crianças, pois percebemos que rotulávamos as opiniões de algumas professoras cujas falas muitas vezes nos são ditas em momentos de angústia.

Entregar um relatório escrito, datado e assinado era apropriado como um recipiente de verdades científicas a serem aceitas ou refutadas, mas não pensadas. A postura de se entregar um relatório passível de modificações, a ser discutido com os vários agentes envolvidos no processo de avaliação antes de assinado formalmente, permitia que o conteúdo do mesmo pudesse ser discutido, argüindo, analisado e recriado.

Toda avaliação psicológica avalia uma produção social. A apropriação dos resultados de uma avaliação varia conforme a função dessa avaliação varia conforme a função dessa avaliação nas relações e instituições sociais. E estamos falando de **palavras que selam destinos**.

Algumas vezes nos deparamos com psicólogos que dizem ter como função realizar um diagnóstico individual e escrever um relatório. Se o efeito desse relatório é a produção de rótulo em relação à criança, isso não lhes compete. Nosso sistema jurídico, palco de arbitrariedades de um sistema caótico, ao menos veicula a idéia de, perante uma acusação, existir a possibilidade de defesa. Mas as afirmações, concepções e posturas em nossos laudos médicos e psicológicos não prevêem contestações.

O fato de termos tido a possibilidade de argumentar e explicar nossas colocações e de as professoras expressarem seus pontos de vista em relação às mesmas nos faz pensar nas várias crianças que receberam e recebem laudos absurdos, incompetentes, estigmatizantes, conclusivos, perante os quais as crianças, seus pais e suas professoras se silenciaram.

Garantir os direitos básicos à saúde e educação implica enfrentar a "vitimização silenciosa da infância" (Cf. Basile & André, 1995).

REFLEXÕES SOBRE A REALIDADE CONHECIDA DURANTE O PROCESSO DE AVALIAÇÃO

No final do primeiro semestre de 1995, após cinco meses de trabalho, levantamos algumas questões a respeito de cada escola, de cada um dos professores e dos encaminhamentos. Abordaremos aqui alguns pontos para a nossa reflexão.

QUEM SÃO AS CRIANÇAS ENCAMINHADAS?

Fizeram parte dos encaminhamentos, em sua maioria, crianças que: a) possuíam de duas a cinco repetências no ciclo básico; b) apresentavam um comportamento que distoava claramente de seu grupo; c) freqüentavam as classes especiais e que suas professoras gostariam que voltassem para a classe comum; d) não possuíam laudos psicológicos para permanecerem na classe especial; e) eram portadoras de deficiências não-previstas para alunos que freqüentavam a classe especial[9].

No final de trabalho, chamou-nos a atenção o fato de nenhuma das crianças avaliadas com o pedido de que as encaminhássemos para as classes especiais ter demonstrado a necessidade de um ensino especial.

Os casos mais delicados de encaminhamento eram os de crianças que já freqüentavam a classe especial há muitos anos, algumas delas em condições cronificadas, com baixa auto-estima e descrença na própria capacidade. O fato de pertencer à classe especial acabava criando uma expectativa de baixo rendimento escolar desse aluno, quer do professor da classe especial, quer de professores de outras classes.

Os motivos de encaminhamento apresentavam como justificativa assuntos ligados a "impressões" a respeito da criança ou a circunstâncias ligadas ao não-cumprimento de regras de comportamento ditadas pelo professor. Existiram afirmações do tipo: "tem uma letra muito pequenininha", "é muito quieta", teve meningite quando era pequena", "toma remédios fortes, teve convulsão", "levanta a saia para os meninos", "não lê e não escreve", "eu passo tarefa e ele diz que não vai fazer", "só diz, não sei", "tem uma aparência estranha, não parece normal".

Na maioria das queixas apresentadas, os professores não se incluíram na produção de comportamentos ou de atitudes das crianças, nem consideram que algumas das situações apresentadas pelas crianças poderiam ser geradas na maneira como ensinam. Também não estabeleceram relações entre o que

---

[9] A legislação de 1983 que instituiu o ciclo básico na rede pública estadual paulista não prevê a repetência internamente a esse ciclo. Passamos a considerá-la em função da constatação do grande número de anos que a criança permanece nesse ciclo sem aprovação para a terceira série do primeiro grau. Assim, o critério de repetência que usamos é o seguinte: o ciclo básico tem duração de dois anos; cada ano de permanência no ciclo que excede esse limite é contado como uma repetência.

estava se passando naquele momento com seu aluno e sua história de escolarização. Por exemplo, casos de crianças encaminhadas que foram alfabetizadas em regiões rurais pobres do Nordeste e que apresentavam maneiras de escrever distintas das ensinadas aqui. Essas crianças acabaram voltando ao início da alfabetização, desprezando-se o que já sabiam, sentindo-se desestimuladas em continuar os estudos.

Desde a primeira reunião com os professores para a compreensão da montagem das listas de encaminhamento, surgiram questionamentos sobre os nomes relacionados.
Algumas crianças mudaram de professora em 1995 e algumas das professoras atuais não entendiam o motivo da indicação de certas crianças, uma vez que estavam aprendendo satisfatoriamente no grupo. Ou seja, a simples mudança de professor foi suficiente para que outra qualidade de relação pedagógica se estabelecesse e fosse possível aprender.

Em outros casos, todas as crianças encaminhadas vinham de uma mesma classe cuja professora não mais se encontrava na escola. Essa profissional era considerada pelos colegas como alguém que não tinha paciência com as crianças. E mesmo assim, a escola a manteve como professora dessa classe até o final do ano letivo.

Os motivos dos encaminhamentos possibilitaram-nos conhecer o funcionamento das escolas, a participação da coordenação e/ou direção na elaboração das listas, os conflitos e dificuldades no encaminhamento, as divergências quanto a determinadas crianças.

Muitas escolas não possuíam estratégias coletivas para resolver dificuldades que surgiam no dia-a-dia do trabalho educacional, ficando a responsabilidade delegada ao professor em fazê-lo. Muitas professoras sentiam falta de "discussões de casos" para levantamento de sugestões conjuntas de atuação, a fim de incluir essa criança nas atividades escolares.

Funcionamento das Classes Especiais

Embora a classe especial seja planejada como um lugar de passagem na escola, na prática isso não acontece. As crianças nela permanecem muitos anos e, na melhor das hipóteses, retornam à classe comum dominando conteúdos da série seguinte a que está matriculada. Esse recurso é utilizado pelas professoras de classes especiais com objetivo de diminuir o preconceito que pesa sobre o aluno no ensino regular.

A ausência de um projeto pedagógico claro e a submissão das professoras aos laudos psicológicos que indicam deficiência nas crianças fazem com que as classes especiais funcionem, muitas vezes, como "depósitos de crianças". Como exemplo, tivemos uma classe na qual a professora, por acreditar que seus alunos eram muito comprometidos intelectualmente, solicitava que repetissem em voz alta duas vezes cada palavra da cartilha para memorizá-la: "cuia", "cuia", "cacau", "cacau", e assim por diante.

Diferentemente das crianças de classe comum, as da classe especial não têm previsto horários de aula para educação física e educação artística, muito embora sejam encaminhadas por apresentarem problemas de comportamento e de aprendizagem. Podemos afirmar que tais atividades contribuiram para que a criança tivesse um espaço de expressão corporal e plástica fundamental para seu desenvolvimento e compreensão crítica da realidade em que se encontra.

Na maioria das escolas atendidas, as crianças que freqüentam a classe especial têm a hora do lanche separada dos demais, algumas delas funcionam em períodos diferentes do ciclo básico, as crianças, em sua maioria, são estigmatizadas por pertencerem a essa classe, sendo chamadas de "loucas" ou "burras". As professoras também são, de maneira geral, excluídas de atividades do ciclo básico, pois pertencem a um outro grupo, o de educação especial. A classe especial permanece como um espaço idealizado que dará conta de crianças que não aprendem na classe comum, por ter uma professora especializada.

Conhecemos uma classe que era geograficamente separada das demais. No recreio, as crianças tinham um cercado como único espaço externo à sala de aula. Nesse espaço, não havia nenhum brinquedo, ou algo que se assemelhasse a uma área de recreação, apenas um chão de terra batida, adaptado de uma parte do estacionamento de automóveis da escola. O banheiro que as crianças utilizavam também era separado dos demais. A merenda era servida na própria classe, diferentemente das demais, que comiam no refeitório da escola. Os alimentos (sopa, leite com chocolate, bolachas etc.) eram servidos numa bacia de plástico, onde cada criança se servia. Ir ao refeitório foi um prêmio que ganharam umas das vezes, mas voltaram mais cedo porque "fizeram bagunça". A concepção segregacionista se faz presente nas práticas ditas pedagógicas.

As concepções de deficiência em relação à criança de classe especial se manifestam em uma série de práticas de psicohigiene, separando-as das "normais" com a intenção de protegê-las de transtornos e provocações. Com isso, amplia-se a distância entre essas crianças e a realidade da escola. O funcionamento da maioria das classes especiais termina por acentuar os motivos pelos quais as crianças são encaminhadas, em vez de criar condições para o seu pleno desenvolvimento. Embora a classe especial tenha sido idealizada para propiciar condições de melhor desenvolvimento das crianças portadoras de deficiências, na prática, o seu funcionamento, ao enfatizar o lado da deficiência, acaba contribuindo para a segregação ou para a não-inserção dessas crianças no ensino regular. Por isso, o medo de muitas crianças das classes especiais quando retornam para o ensino regular.

Os Laudos Psicológicos

Outro aspecto extremamente preocupante se encontra nos laudos psicológicos anexados aos prontuários das crianças: nenhum deles apresentava a criança avaliada, apenas constavam resultados da aplicação de um teste psicológico de medida da inteligência (em algumas vezes, mais de um), com o, resultado de QI. Muitos psicólogos, após aplicar um único teste, afirmavam a deficiência da criança, estigmatizando-a na escola e na família. Um dos laudos mais surpreendentes foi de um aluno que, por se negar a responder os itens do teste proposto, acabou sendo encaminhado para a classe especial para deficientes mentais leves, por tal atitude.

Vários laudos indicavam, como explicações pelo desinteresse da criança em relação à escola, problemas emocionais da criança ou situações de vida em família. Em muitos deles, a pobreza da família era apontada como causa do fracasso escolar.

A escola solicita um laudo com um número de QI e o psicólogo acaba cedendo às pressões da escola. Ou ainda, o psicólogo não encaminha para a classe especial, mas afirma: "essa criança precisa de um ensino especializado com uma professora atenta às suas necessidades". Isso equivale solicitar encaminhá-la para a classe especial, pois só a mesma tem um professor especializado e poucos alunos.

Na maioria das vezes, os psicólogos não conhecem a classe especial para onde encaminharam a criança, como é formada, como funciona, quais as preocupações de sua professora. Isso explica por que não havia qualquer menção, nos laudos psicológicos, a respeito de: como a criança poderia se sentir por estar na classe especial, o que representaria esse fato na escola; a inexistência de uma data para uma revisão desse processo de avaliação; sugestões ao professor. Além disso, não havia referência à história escolar da criança.

Os laudos encontrados, quer de clínicas privadas, quer de públicas, não são apenas reflexo de uma má formação acadêmica, mas sim, expressão do quanto nós, psicólogos, desconhecemos o que se passa na escola ao "culpabilizar a vítima", ou seja, a criança e sua família. E dessa forma, como afirma Patto (1990), legitimamos cientificamente o preconceito.

A História Escolar das Crianças Encaminhadas

Várias crianças sabem pouco sobre sua história escolar que, em muitos casos, é confusa. As constantes transferências, remanejamentos de sala, troca de professores tornam a história escolar das crianças um quebra-cabeça que precisa ser montado para que possamos entender as conseqüências desta história no processo de escolarização da criança.

As mudanças de classe, em geral, não são explicadas ao aluno. Quando são, raramente se dá importância aos efeitos na criança. Uma das crianças ficou surpresa ao saber que só havia repetido duas vezes, pois achava que havia repetido quatro. Criam-se fantasias, medos e inseguranças que repercutem no processo de aprendizagem.

Os prontuários, documentos oficiais da história escolar das crianças, em grande parte são confusos, com lacunas ou erros de informação. Os relatos pedagógicos feitos semestralmente pelos professores da série anterior são calcados em informações superficiais, enfatizando o que a criança não faz ou não sabe, deixando de apresentar o que avançou no tempo de escolarização. Embora as fichas de acompanhamento pedagógico tenham como intenção manter o professor do ano seguinte informado sobre o processo de alfabetização dessa criança, na realidade isso não ocorre. As fichas são consideradas pelos professores muito mais um ato burocrático de preenchimento de dados do que algo que faça sentido em seu trabalho. Encontramos avaliações pedagógicas padronizadas em que a mesma frase foi mimeografada e colada em todos os prontuários de uma mesma série. Em outros documentos, no espaço reservado para a avaliação do professor sobre o processo de aprendizagem de leitura e escrita de uma criança iniciante, encontramos apenas um única frase "não atingiu os objetivos".

Muitas das confusões encontradas nos prontuários são reflexo de uma série de artifícios criados para se dar conta das pressões políticas para redução de índices de repetência e evasão. Há crianças que freqüentam o ciclo básico em continuidade (que alguns chamam de segunda série) e recebem aulas como se a classe funcionasse como um ciclo básico inicial, ou seja, de crianças que estão iniciando o processo de alfabetização. Existem 3as séries falsas, nas quais se ensinam conteúdos de ciclo básico; algumas crianças estão matriculadas no ciclo básico e freqüentam a classe especial.[10]

Diferentemente do que afirma o senso comum, as crianças persistem muitos anos na escola, cursando anos a fio o ciclo básico, tentando ver se "aprendem um pouquinho". O que acontece é que muitas delas vivem uma situação de descrença em relação à sua própria capacidade. O "não sei" é a expressão mais constante nos nossos primeiros encontros com elas. Uma das crianças foi encaminhada ao grupo de trabalho porque não lia e não escrevia. No grupo, nos primeiros encontros, não queria sequer tocar nessa questão. Em um certo momento do trabalho, montou-se um jogo de percurso e era preciso escrever as pistas em cartões que seriam sorteados. Todos se envolveram na tarefa, inclusive essa criança, arriscando escrever pela primeira vez depois de muito tempo se negando a fazê-lo.

---

[10] A esse respeito ver Ivana S. Feijó e Marilene P. Rebello de Souza, Revista Psicologia USP, v.7, n. 1/2, 1997 (no prelo).

Uma outra idéia corrente na sociedade em que vivemos é a de que a criança pobre sai da escola cedo porque precisa trabalhar. Isso não se confirma nesse levantamento, pois adolescentes de 12, 13, 15 anos estão na escola, querendo ainda se alfabetizar. Um caso extremo dessa luta pela permanência foi uma criança que esmola na rua e tem o material mais completo e bem cuidado da classe. Além do investimento das crianças, há o esforço diário dos pais em mantê-las estudando, pois entendem que a escolarização é fundamental para a inserção em melhores condições no mundo do trabalho.

A relação pais/escola é muitas vezes de hostilidade. Muitos não confirmavam as percepções dos professores em relação a seus filhos e afirmavam a diferença de atitudes e de percepção dos mesmos quando estão em casa. Quando concordavam com a professora, vendo-a preocupada e interessada em seu filho, sentiam esse fato como uma bênção a ser agradecida e não como um interesse que faz parte da construção de uma relação pedagógica que propicia o aprendizado.

A maioria dos pais também nos relatou as dificuldades vividas ao percorrer o trajeto dos encaminhamentos feitos pela escola aos especialistas das áreas de psicologia, fonoaudiologia e pediatria dos serviços públicos de saúde.

É Possível e Urgente

Dentre outros aspectos, a convivência com as escolas públicas paulistanas nos fala de problemas graves que precisam ser revistos em relação ao ensino fundamental. Tais problemas dizem respeito aos educadores e aos psicólogos. Dessa forma, consideramos urgente:

* Repensar o lugar de educação especial na escola, lugar de ampla exclusão, discriminação e estigmatização de crianças. A classe especial foi uma proposta de educação da criança com problemas de escolarização que – da forma como foi concebida e como funciona hoje – não deu certo. Como repensá-la à luz das pesquisas e das análises da vida diária escolar? Como lidar com a diferença no âmbito pedagógico? Essa é uma discussão que precisa ser feita nos contextos da educação e da psicologia.

* Divulgar os malefícios que os laudos psicológicos com a finalidade de avaliação escolar têm sobre as vidas das crianças e suas famílias quando encaminhadas para as classes especiais.

* Pensar alternativas para o trabalho de avaliação psicológica que resgatem aspectos cristalizados e deletérios em relações de aprendizagem entre crianças e professores. Este trabalho é uma tentativa nesse sentido, ao focalizar a produção de queixa em nossa análise.

A escolarização é um direito constitucional, sendo fundamental no exercício da cidadania. Nosso desafio está em mantermos esse direito.

BIBLIOGRAFIA

Basile, Odelis; André, Simone Al Behy – *Adeus à loucura – Hospital – dia para crianças: experiência de uma instituição desapassivadora*. São Paulo, SP, mimeo. 1995.

Bourdieu, Pierre – *Sociologia*. Organizador Renato Ortiz, São Paulo, SP, Ed. Ática, 1983.

Collares, Cecília Azevedo Lima – *O cotidiano escolar patologizado*. Campinas, SP, Tese (Livre-Docência), Faculdade de Educação da UNICAMP, 1994.

Machado, Adriana Marcondes – *Crianças de classe especial: efeitos do encontro da saúde com a educação*. São Paulo, SP, Ed.Casa do Psicólogo, 1994.

Machado, Adriana Marcondes – *Reinventando a avaliação psicológica*. São Paulo, SP, Tese (Doutorado), Instituto de Psicologia da USP, 1996.

Mindrisz, Rosely Katz – *A tirania do QI: o quoeficiente de inteligência na caracterização do indivíduo deficiente mental*. São Paulo, SP, Dissertação (Mestrado), Pontifícia Universidade Católica (PUC) 1994.

Patto, Maria Helena Souza – *A produção do fracasso escolar*. São Paulo, SP, T.A. Queiroz, 1990.

Rabioglio, Marta Baptista – *Jogar: um jeito de Aprender*. São Paulo, SP, Dissertação (Mestrado), Faculdade de Educação da USP, 1995.

Saviani, Dermeval – *Escola e democracia*, São Paulo, SP, Ed. Cortez, 1983.

Souza, Marilene Proença Rebello de – *A queixa escolar e a formação do psicólogo*. São Paulo, SP, Tese (Doutorado), Instituto de Psicologia, Universidade de São Paulo, 1996.

RESPEITAR OU SUBMETER: A AVALIAÇÃO DE INTELIGÊNCIA EM CRIANÇAS EM IDADE ESCOLAR[1]

CECÍLIA AZEVEDO LIMA COLLARES
PROFª DRª LIVRE-DOCENTE DO DEPARTAMENTO DE PSICOLOGIA
EDUCAÇÃO, DA FACULDADE DE EDUCAÇÃO DA UNICAMP

MARIA APARECIDA AFFONSO MOYSÉS
PROFª DRª DOCENTE DO DEPARTAMENTO DE PEDIATRIA,
DA FACULDADE DE CIÊNCIAS MÉDICAS DA UNICAMP
COORDENADORA DO SETOR DE PEDIATRIA SOCIAL

Em pesquisa[2] sobre a medicalização do processo ensino-aprendizagem, ouvimos as opiniões de profissionais da educação e da saúde acerca das causas do fracasso escolar. Nosso objetivo era, escutando suas falas, nos aproximarmos de suas formas de pensamento sobre escola, processo ensino-aprendizagem, fracasso escolar, papel dos profissionais e das instituições de educação e de saúde etc.

Sinteticamente, pudemos constatar, mais uma vez na história recente da pesquisa educacional, que todos, independentemente de sua área de atuação e/ou de sua formação, centram as causas do fracasso escolar nas crianças e suas famílias. A instituição escolar é, na fala desses atores, praticamente isenta de responsabilidades. A escola, o sistema escolar são sistematicamente relegados a plano mais que

---

[1] Este texto foi extraído do artigo "Inteligência abstraída, crianças silenciadas. As avaliações de inteligência", publicado na revista Psicologia USP, nº 7, vol. 1, 1997.

[2] Esta pesquisa é apresentada no livro "Preconceitos no cotidiano escolar. Ensino e medicalização", publicado em 1996. Uma síntese foi publicada na revista Em Aberto (MEC/INEP), 57, 1995.

secundário quando falam sobre o que consideram causas do fracasso escolar.

Do mesmo modo que **todos** se referem a causas centradas na criança, **todos** se referem a problemas biológicos como causas importantes do não-aprender na escola. Na opinião desses profissionais, os problemas de saúde das crianças constituem uma das principais justificativas para a situação educacional brasileira. Dentre os problemas citados, merecem destaque a desnutrição, referida por todos, tanto da educação como da saúde e as disfunções neurológicas, referidas por 92,5% das quarenta professoras e 100% dos dezenove profissionais de saúde (médicos, psicólogos e fonoaudiólogos).

A identidade das opiniões dos profissionais da saúde e da educação é tão intensa, nessa questão, que não se consegue identificar a formação de quem fala, a partir da análise de conteúdo, mesmo quando o assunto refere-se especificamente a problemas de saúde que, na opinião do entrevistado, impediriam ou dificultariam a aprendizagem. É importante ressaltar que essa identidade está baseada em opiniões genéricas, sem embasamento científico, que apenas refletem o senso comum e preconceitos estabelecidos. Apenas como exemplo, como identificar, nas falas baixo, qual a da professora, a do psicólogo, a do médico e da fonoaudióloga?

"Hiperativa é criança com problema neurológico. Não pára, nada a satisfaz, distraídas, dispersas, incomodam..."

"Dislexia é uma doença neurológica, que se caracteriza pela grande dificuldade em aprender a ler e escrever."

"As crianças não conhecem, não discriminam, não têm seqüência de idéias, não têm coordenação motora".

"A hiperatividade é uma doença neurológica que dificulta a aprendizagem."

Ou ainda, quem é o médico, quem é a nutricionista e quem é a professora?

"A má alimentação é a causa do fracasso escolar, porque a desnutrição afeta o cérebro."

"As conseqüências da desnutrição, como é de se esperar, são desastrosas para o futuro escolar, já que este tem sua capacidade mental lesada."

"Uma criança desnutrida já nasce com seqüelas, com pouco potencial, não recuperando condições necessárias a um melhor desenvolvimento da aprendizagem."

Todas as falas são de todos, na medida em que não se diferenciam. Qualquer profissional poderia ter falado cada uma delas.

Na concepção dos profissionais ouvidos, seja da educação ou da saúde, saúde e doença emergem como estados absolutizados, sem modulações, sem mediações. Falam de entidades as mais complexas e controversas[3] com uma aparente tranqüilidade que preocupa, ainda mais se se lembra que se trata de profissionais de nível universitário, considerados especialistas nos assuntos em pauta. A análise um pouco mais aprofundada dos discursos permite entrever que a tranquilidade advém do fato de que refletem preconceitos e formas de pensamento cristalizadas, e não conhecimentos científicos, como seria lícito supor.

---

[33] Foge ao escopo deste texto a discussão específica das relações entre desnutrição e fracasso escolar, assim como toda a controvérsia a respeito das disfunções neurológicas. Para um maior aprofundamento, remetemos a dois textos de nossa autoria: *"A história não contada dos distúrbios de aprendizagem"*, publicado em *Cadernos CEDES*, 28 (1992) e *"Aprofundando a discussão das relações entre desnutrição, fracasso escolar e merenda"*, publicado na revista *Em Aberto* (MEC/INEP) nº 57 (1995).

Neste texto, queremos destacar um aspecto: a forma como as crianças são avaliadas, intelectualmente.

Um dos passos previstos na pesquisa consistia em solicitar aos professores que indicassem quais os alunos, em sua sala de aula, que não seriam aprovados ao final do ano e por quais motivos. Nessa etapa, novamente, as causas referidas foram centradas essencialmente na criança. Assim, o deslocamento de uma questão institucional, política, para o plano individual, pôde ser percebido tanto nos momentos em que se abordavam questões educacionais em um plano mais amplo e genérico, como quando se falava de uma criança em particular. Aqui, também, destacam-se as causas de ordem biológica: para a maioria das crianças apontadas como reprovadas ao final do ano, a justificativa era alguma doença que, na opinião da professora, impediam ou dificultava sua aprendizagem.

A partir daí, selecionamos 75 crianças para serem avaliadas clinicamente. A seleção foi feita não aleatoriamente, de forma a incluir todas as doenças referidas; dentro de cada uma, foram selecionadas as crianças sobre as quais as falas das professoras fossem as mais significativas. Merece ser destacado que várias das crianças escolhidas já haviam passado por vários profissionais de saúde, já tendo recebido um diagnóstico.

A consulta tinha uma ênfase especial, além dos dados habituais da anamnese médica, na recuperação da história de vida da criança; de sua história de desenvolvimento neuropsicomotor e cognitivo; da história de relações da criança e da família com a instituição escolar; de expectativas e opiniões sobre o desempenho escolar; das repercussões do fracasso escolar. Além disso, destacam-se os caminhos que a criança já havia percorrido no interior do sistema de saúde, pelo problema do mau rendimento escolar, com procedimentos, diagnósticos, tratamentos e resultados.

Aqui surge o tema deste texto. Perante as crianças, ante a decisão de avaliá-las, do ponto de vista cognitivo e neuromotor, como avaliá-las? Como avaliar uma criança em particular? Com quais instrumentos? A partir de que parâmetros? Portanto que concepções teóricas sobre normalidade? Em outras palavras, olhar o quê, a partir de que lugar?

A resposta mais fácil, o uso de instrumentos tradicionais, testes padronizados, estava, *a priori*, destacada por nossa experiência prévia, tanto em atividades profissionais, propriamente ditas, como na docência.

Os testes padronizados trazem, em si, alguns equívocos conceituais, decorrentes de sua própria concepção: a crença na possibilidade de se avaliar o potencial intelectual de uma pessoa em particular.

Este é o ponto central do debate. É possível avaliar o potencial intelectual de alguém?

Afastemo-nos do assunto inteligência. O distanciamento do objeto em controvérsia permite certa proteção emocional, que pode nos ajudar a apreender certas nuances com mais facilidade, com menores conflitos. Centremos a reflexão na questão específica do potencial. É possível avaliar o potencial de alguém?

Como modelo de entendimento, podemos tomar algo facilmente mensurável no ser humano e desprovido de controvérsias: a estatura. É possível avaliar o potencial de estatura de alguém?

Qual o significado de *potencial de estatura*? A herança genética dessa pessoa, isto é, o máximo de altura que ela poderá atingir, se o ambiente em que vive, sua qualidade de vida, suas condições de saúde etc. propiciarem tal condição que seja possível que essa herança genética se expresse totalmente. Em outras palavras, uma situação em que o ambiente fosse, teoricamente[4], tão adequado que o genótipo (herança genética) fosse igualado, em perfeição, pelo fenótipo (expressão da interação entre o genótipo e o ambiente).

O que representa, então, a estatura de uma pessoa? Seu fenótipo, ou seja, a expressão de seu potencial.

É inegável que esse potencial constitui um substrato essencial para a altura da pessoa, porém a altura final não será jamais um reflexo linearmente unívoco do potencial. Como saber quantos milésimos de centímetros eu perdi naquelas três semanas em que tive varicela e não queria comer nada? Quantos centésimos perdi naquela primeira desilusão amorosa, inesquecível, em plena adolescência? Impossível saber.

A medida a que temos acesso é apenas a expressão do potencial, jamais o potencial. Mesmo quando se fala em estatura, sem dúvida a medida mais fácil. Não só fácil, como ainda com outro elemento que poderíamos chamar de elemento de simplificação: o potencial de altura apenas pode se expressar em uma direção, um único sentido. A pessoa cresce ou não cresce, em dimensão única, linear.

Por que estamos falando aqui em estatura? Para que se apreenda que, mesmo naquilo que seria mais fácil, não temos acesso ao potencial das pessoas, apenas à expressão do potencial.

Iniciemos o retorno ao objeto central deste texto. Porém, paulatinamente, fazendo uma parada em um ponto intermediário, pois ainda é necessário certo distanciamento.

---

[4] Estamos nos referindo a uma possibilidade apenas teórica, pois a qualidade de vida dos homens, a qualidade do ambiente, está sabidamente, distante desse patamar. Sem dúvida, a qualidade de vida da humanidade tem melhorado constantemente, fato que se reflete no conhecido aumento de estatura a cada geração, na maioria dos grupos sociais, denominado *aceleração secular do crescimento*. Entretanto, ainda estamos longe de sequer cogitar que a altura das pessoas esteja se aproximando de seu potencial genético.

Pensemos na avaliação da coordenação motora, por exemplo. Muito mais simples que inteligência, porém já mais complexa que altura.

Estamos admitindo que o que avaliamos não é o potencial de coordenação motora, se é que podemos chamar assim, mas a expressão desse potencial, a coordenação motora que se nos apresenta. Se quisermos maior rigor, poderemos dizer que não temos acesso ao desenvolvimento neuromotor (que alguns autores chamam de maturidade neurológica), base para a coordenação motora, mas apenas às formas de expressão desse desenvolvimento.

Ressalte-se que agora já estamos falando de formas de expressão, enquanto para estatura frisamos que se tratava de medida unidimensional. Por que a diferença? Porque a mesma coordenação motora pode se expressar em infinitas atividades do homem, sem hierarquia "neurológica" entre elas, apenas diferentes em relação ao significado prático da atividade e ao valor social atribuído a ela.

Concretamente, qual a diferença entre desenhar com lápis e papel e construir uma pipa? Em termos de coordenação viso-motora, nenhuma[5]. Diferem pelo uso que a criança pode fazer da pipa e da cópia. Diferem, principalmente, porque necessitam de outros requisitos para sua execução, não apenas da coordenação viso-motora. Para a pipa, por exemplo, a criança deve ter uma boa discriminação visual para cores, pois não se costuma encontrar pipas com combinações aberrantes de cores, do ponto de vista estético. Porém, o requisito essencial que queremos destacar aqui é a necessidade de já saber fazer. Ou, de ter aprendido.

---

[5] Talvez fosse mais sensato admitir a possibilidade de que a construção da pipa seja tarefa mais complexa do que copiar uma cruz; porém, para os propósitos deste texto, podemos aceitar a equivalência.

Uma atividade é ensinada, estimulada, quando é valorizada no grupo social, quando se integra ao conjunto de valores sociais, históricos, culturais, políticos, de um determinado grupo. Valores de classe.

Para uma criança fazer uma pipa, é necessária coordenação viso-motora, bem como pertencer a um grupo em que tal atividade seja valorizada, em que se fazem pipas, em que se ensina a fazer pipas, em que fazer bem pipas é elemento diferenciador.

Para uma criança copiar uma cruz com lápis e papel, é necessária coordenação viso-motora, bem como pertencer a um grupo social em que se escreve, em que se lê, em que existem lápis e papel, em que se ensina desde cedo a brincar com lápis de cor, com livros, em que ler e escrever bem é elemento diferenciador. Em outras palavras, em que existe um contato íntimo e não-traumático com lápis e papel.

Algumas crianças fazem pipas, outras desenham. Ambas com a mesma coordenação motora. Cada uma com expressões diferentes da mesma coordenação. Expressões cuja aquisição é estimulada, direcionada, por valores de sua pertença social.

Qual das duas atividades melhor representa a coordenação viso-motora, qual deve ser eleita como parâmetro de normalidade?

Nenhuma, uma vez que ambas são apenas expressões diferentes, sem hierarquia, de uma mesma coordenação, à qual não se tem acesso em si.

Existe ainda outro ponto provocativo, quando se trata de desenvolvimento neuromotor, seja coordenação motora, equilíbrio dinâmico, estático etc.

Quando se avalia, seja qual for o objeto dessa avaliação, não se tem acesso ao objeto em si, sempre apenas às suas formas de expressão. Entretanto, mesmo o acesso às formas de expressão do objeto de avaliação pode ser indireto. Quando observamos uma criança fazendo pipa, desenhando, escrevendo, andando de bicicleta, correndo, subindo em árvores, o que vemos é exatamente isto: uma criança fazendo pipa, desenhando, escrevendo, andando de bicicleta, correndo, subindo em árvores. Não temos a capacidade pretendida de observar sua coordenação motora, seu equilíbrio, sua discriminação visual etc. Temos acesso, basicamente, a seus movimentos; rigorosamente, o que podemos avaliar diretamente se resume a movimentos. A partir daí, dessa observação direta dos movimentos, à luz de referenciais conceituais, deduzo teoricamente a coordenação, o equilíbrio etc.

Perceber e assumir os limites do olhar coloca limites à pretensão avaliatória.

Não podemos deixar de registrar que a não-percepção de limites costuma chegar a tal ponto que os avaliadores acreditam não apenas em seu acesso direto ao objeto da avaliação, mas também no acesso às intenções de quem está sob avaliação. Anotações sobre as intenções de quem está sendo avaliado, geralmente negativas, com destaque para a agressividade, são freqüentes nos laudos, evidenciando a carga de juízos de valor incorporada à avaliação, ao diagnóstico.

Após esse breve distanciamento para espaços menos infiltrados passionalmente, podemos retornar ao ponto central deste texto: a avaliação intelectual.

Se se acredita na impossibilidade de acesso ao potencial de objetos mais facilmente mensuráveis, como a estatura, ou mais facilmente avaliáveis, como o equilíbrio, a coordenação motora, como se pode pretender avaliar o potencial intelectual de uma pessoa?

O instrumento padronizado, o teste, fundamenta-se na concepção de que uma determinada forma de expressão constitui a chave de acesso ao potencial. Não é relevante, neste debate, se se acredita ter acesso direto ao potencial ou que uma determinada forma de expressão seja superior às demais; ambas as crenças apenas justificam o fato de que o teste elege uma forma de expressão como a única que merece ser considerada. Isso vale tanto para os testes mais simples de equilíbrio, como para os mais sofisticados, no campo das funções intelectuais superiores. Exatamente o campo em que o conhecimento é mais complexo, mais controverso; o que diferencia o ser humano das outras espécies.

Um dos muitos pontos polêmicos nas discussões sobre desenvolvimento intelectual reside em saber se o conceito de potencial, no sentido do máximo que pode ser atingido, é aplicável às funções intelectuais do homem. Isto é, se existiria uma *inteligência máxima* que uma determinada pessoa poderia desenvolver, esse máximo sendo determinado biologicamente, por seu patrimônio genético, por seu genótipo, enfim.

Os autores que defendem o determinismo genético da inteligência parecem desconsiderar o fato de que o pensamento está intrinsecamente vinculado à ação e, assim como o conhecimento científico, suas possibilidades de avanço estão definidas e limitadas, para a maioria dos homens, pelas necessidades e possibilidades concretamente colocadas a cada momento histórico. Assim, pode-se imaginar que, para a humanidade em geral, exista um máximo de desenvolvimento intelectual que pode ser atingido, porém um máximo que é determinado pelas condições concretas daquela sociedade, em termos históricos, culturais e do próprio grau de desenvolvimento intelectual. Um máximo possível que é determinado, em última instância, pelo modo de produção. Assim, a cada momento histórico, o *máximo possível de inteligência* que pode ser desenvolvida seria necessariamente menor que o máximo possível do momento subseqüente. O próprio avanço do pensamento, do conhecimento coloca novas possibilidades, derruba limites anteriormente postos ao desenvolvimento.

O desenvolvimento de uma criança no último qüinqüênio do segundo milênio não pode ser comparável ao de uma que tenha vivido há quarenta anos. Não necessariamente ela é mais inteligente, do ponto de vista genético (pois é óbvio que não se pode chegar o substrato biológico da inteligência), apenas está vivendo em um outro espaço social e geográfico, outro espaço intelectual, que lhe permite se desenvolver mais.

Da mesma forma que não se podem comparar crianças que vivem em classes e grupos sociais com valores distintos, mesmo que vivam em um espaço geográfico e temporal, não se pode pretender comparar crianças que vivam em espaços temporais, e portanto históricos e sociais, distintos. E vice-versa.

Não se pode ignorar que, em plena virada do século, existem crianças cujas condições concretas de vida estão mais distantes dos benefícios produzidos pelo desenvolvimento científico e tecnológico atuais do que se vivessem há décadas... O que não significa que sejam menos inteligentes, apenas apresentam um desenvolvimento cognitivo conformado por suas necessidades e possibilidades concretas...

Não se está pretendendo tecer elogios à pobreza, ao contrário. Da mesma forma que o desenvolvimento das possibilidades de pensamento é histórico, o olhar dirigido às possibilidades de pensamento de uma criança necessita ser historicamente focalizado.

O que se está colocando é que esse máximo de inteligência possível é construído histórica e socialmente, o que é totalmente diferente de se afirmar que haveria uma determinação genética, linear, exclusiva, desse máximo, ou, como se costuma falar, do potencial intelectual.

Entretanto, podemos ousar perguntar se o próprio desenvolvimento não constitui um fator de maior diferenciação anatômica do cérebro. O número de sinapes, por exemplo, que se considera tão ou mais importante que o número de neurônios, não sofre interferências das experiências de aprendizagem pelas quais uma criança passa? Esta é uma pergunta para a qual ainda não se podem construir respostas adequadamente fundamentadas, pois se encontra além dos limites atuais impostos ao pensamento humano e, portanto, ao conhecimento. Configurando uma espiral, esses limites são definidos até mesmo pela inexistência de método e instrumental apropriados, que, por sua vez, só poderão ser desenvolvidos a partir de um outro patamar de conhecimento.

Admitir a possibilidade de que a biologia seja modulada pelas condições de vida, no campo da inteligência, como aliás já se comprovou em inúmeros outros campos, significa excluir o determinismo biológico do terreno de cogitações cientificas, atribuindo-lhe o espaço que lhe é de direito: o dos discursos biológicos.

Mesmo admitindo o abstrato biológico das funções intelectuais, não se pode ignorar que tudo a que temos acesso, também no campo de inteligência, cognição, aprendizagem, resume-se a expressões. Expressões que trazem em si, indeléveis, as marcas da história de vida da pessoa e de sua inserção social.

A inteligência não constitui uma abstração; significa, inclusive, capacidade de abstrações, porém ela em si não é algo abstrato. Como avaliá-la, descontextualizada da vida, isto é, tornada abstrata?

Os indicadores de capacidade, de inteligência, de aprendizagem, ou outras sinonímias, em instrumentos padronizados, são geralmente conhecimentos prévios. É lógico que para aprender esse conhecimento foi necessário certo grau de inteligência, porém isso não os torna iguais, requisitos e resultados. Da mesma forma que para fazer pipa não basta ter coor-

PSICODIAGNÓSTICO E AVALIAÇÃO 129

denação motora, mas é preciso ter aprendido, para responder que esmeralda é uma pedra preciosa, verde[6], não basta ser inteligente, é preciso ter aprendido. Ou, o reverso, não saber fazer pipa não significa não ter coordenação motora, da mesma forma que não saber que esmeralda é uma pedra preciosa, verde, não significa não ser inteligente.

Mudam os nomes dos testes, os autores, alteram-se pequenos detalhes e mantém-se a essência: apenas uma forma de expressão é passível de consideração. As demais, bem, são as demais... Nesse sentido, não vemos diferenças entre os tradicionais testes de QI, os testes de psicomotricidade, as provas piagetianas, o exame neurológico evolutivo (ENE, que se propõe a avaliar a maturidade neurológica) e outros.

Ao assumir que as expressões das classes sociais privilegiadas são as superiores, as corretas, o que se está assumindo é uma determinada concepção de sociedade e de homem, fundada na desigualdade e no poder, em que alguns homens são superiores a outros, algumas raças são superiores a outras...

Esses são os pressupostos que subsidiam a elaboração de um instrumento que se pretende neutro, objetivo; portanto, aplicável a qualquer homem, em qualquer espaço geográfico, temporal e social. Os testes de inteligência , sempre padronizados nos estratos sociais superiores, permeados de valores desses grupos, são divulgados como podendo ser aplicados a qualquer homem, não importa se rico ou pobre, vivendo próximo ao Central Park, em Nova York, ou na zona rural de Sertãozinho... Estudando em colégio de elite em São Paulo ou sendo filho de bóia-fria, e já cortador de cana...

---

[6] No teste de inteligência ainda mais usado no Brasil para avaliar crianças em idade escolar, principalmente para encaminhamento a classes especiais, o Weschler Intelligency Scale for Children (WISC), pergunta-se o que é *esmeralda*; a título de curiosidade, outra é o que é *hipoteca*...

Detalhes como esses, para quem quer acreditar, não são relevantes, pois se está avaliando a inteligência, que transcenderia a própria vida.

O caráter ideológico dos testes de inteligência (e derivados) é nítido, seja pela análise de seu próprio conteúdo, seja pela história de seus usos e conseqüências. Historicamente, eles têm servido como elemento a mais para justificar, por um atestado cientificista, uma sociedade que se afirma baseada na igualdade, porém fundada na desigualdade entre os homens.

Entende-se, assim, que a ênfase seja dada ao que a criança não tem, ao que ela não sabe, àquilo que lhe falta. É um olhar voltado para a carência, para a falha da criança. É quase como se a criança, que está sendo avaliada, precisasse se encaixar nas formas de avaliação que o avaliador, supostamente inteligente, conhece. Daí, os laudos de falta de coordenação motora para quem faz pipa; de falta de raciocínio matemático para feirantes; de falta de ritmo para os que cantam e fazem batucadas... A prova é rígida e previamente estabelecida: se a criança ainda não sabe, não entende a proposta ou não conhece as regras do jogo, é reprovada. A avaliação pode ser vista como uma perseguição ao defeito da criança; sim, pois com certeza o defeito só pode estar localizado nela, já que vivemos em um mundo em que todos pretensamente têm as mesmas oportunidades etc. etc.

Em nossa experiência, os testes só têm servido para classificar e rotular crianças absolutamente normais. Já em 1982, dizíamos:

> *"São crianças que não passam numa prova de ritmo e sabem fazer uma batucada. Que não têm equilíbrio e coordenação motora e andam nos muros e árvores. Que não têm discriminação auditiva e reconhecem cantos de pássaros. Crianças que não sabem dizer os meses*

do ano mas sabem a época de plantar e colher. Não conseguem aprender os rudimentos da aritmética e, na vida, fazem compras, sabem lidar com dinheiro, são vendedoras na feira. Não têm memória e discriminação visual, mas reconhecem uma árvore pelas suas folhas. Não têm coordenação motora com o lápis mas constroem pipas. Não têm criatividade e fazem seus brinquedos do nada. Crianças que não aprendem nada, mas aprendem e assimilam o conceito básico que a escola lhes transmite, o mito da ascensão social, da igualdade de oportunidades e depois assumem toda a responsabilidade pelo seu fracasso escola" (Moysés e Lima, 1982, p. 60).

Por todo o exposto, explica-se a decisão *a priori* de não utilizar esse tipo de instrumentos em nossa pesquisa, como dissemos logo no início do texto. As crianças foram avaliadas, em relação ao desenvolvimento neuromotor, cognição, aprendizagem, a partir de um referencial conceitual que se opõe aos pressupostos teóricos dos testes de inteligência (e derivados). Em nossa atuação profissional e docente, temos buscado avaliar as crianças em concepção que inverte – e tenta mesmo subverter – as avaliações tradicionais.

Para nós, a premissa que fundamenta toda a avaliação é que temos acesso apenas às expressões do objeto de avaliação, geralmente de forma indireta. Assim, é preciso aprender a olhar. Olhar o que a criança sabe, o que ela tem, o que ela pode, o que ela gosta. Não se propõe nenhuma tarefa previamente definida, não se pergunta se sabe fazer determinada coisa, mesmo que seja empinar pipa, ou jogar bolinha de gude. Pergunta-se o que ela sabe fazer. E, a partir daí, o profissional busca, nessas atividades, nas expressões que ela já adquiriu, o que subsidia e permite tais expressões. Em vez de a criança se adequar ao que o profissional sabe perguntar, este é quem deverá se adequar às suas expressões, a seus valores, a seus gostos.

Uma criança que gosta de jogar bolinha de gude tem que ter coordenação viso-motora; orientação espacial; integrar noções de espaço, força, velocidade, tempo; sociabilidade pois não joga sozinha; capacidade de concentração e atenção; noções de quantidade; saber ganhar e perder; aprender e memorizar as regras do jogo etc. Uma criança que fale ao telefone, tem que ter discriminação auditiva. A criança que gosta de ler, além de obviamente saber ler, tem memória, concentração, discriminação visual, percepção espacial, lateralidade (o sentido da leitura pressupõe a lateralidade), noção de tempo (o que vem antes e o que vem depois) etc. Para a criança que sabe andar de bicicleta, não podem existir dúvidas sobre sua coordenação motora, equilíbrio, ritmo, percepção espacial e temporal, esquema corporal, lateralidade. Nunca será demais lembrar que nessas atividades, e em muitas outras, a criança revela sua criatividade e capacidade de abstração; aliás, saber falar já reflete a capacidade de abstração, se nos lembrarmos que a linguagem constitui um código abstrato.

Em vez de buscar o defeito, a carência da criança, o olhar procura o que ela já sabe, o que tem, o que pode aprender a partir daí. O profissional tenta, mais que tudo, encontrar o prisma pelo qual a criança olha o mundo, para ajustar seu próprio olhar. Sabendo que existem limites para seu olhar, que está sujeito a erros, pois não está lidando com verdades absolutas.

Esta proposta de avaliação tem um requisito essencial: profissionais mais competentes, com conhecimentos mais sólidos e profundos sobre o desenvolvimento da criança, sobre o conceito de normalidade, profissionais que não se satisfaçam com visões parciais, estanques, que não tenham medo de suas próprias angústias. Profissionais que considerem que todos os homens são de fato iguais, tornados desiguais por uma sociedade dividida em classes, profissionais que compartilhem o respeito por cada homem, por seus valores, por sua vida. Sem

PSICODIAGNÓSTICO E AVALIAÇÃO

dúvida, é mais difícil de ser aplicada do que um teste padronizado; porém, também sem dúvida, recoloca a relação entre o profissional e a criança como relação entre dois sujeitos historicamente determinados.

Não se trata, portanto, de uma proposta neutra. Possui um caráter político, porém o assume. Nem se pretende objetiva; ao contrário, assume a subjetividade como elemento enriquecedor da avaliação. A subjetividade sempre existe, mesmo quando a negamos; reconhecer sua existência e importância, para melhorar aproveitá-la, para saber usá-la, é o elemento que diferencia as duas concepções.

Voltemos às nossas crianças, à pesquisa.

Avaliadas segundo esse referencial, não foram encontrados, em nenhuma, indícios de comprometimento cognitivo, nenhum problema inerente à criança que justificasse seu mau desempenho neuro-psicomotor ou de desenvolvimento cognitivo, nenhum problema inerente à criança que justificasse seu mau desempenho na escola. Elas exibem um grau de desenvolvimento compatível com o que se convencionou chamar de *normalidade*; muitas vezes, são até superiores a esse padrão. Apenas o expressam de acordo com os valores do meio social em que se inserem. Uma expressão que não é reconhecida pela psicologia e pela neurologia; não tem valor para médicos, psicólogos, fonoaudiólogos, psicopedagogos e outros. Não está inscrita nos instrumentos de avaliação, nos testes de inteligência.

Todas são absolutamente normais; ou, pelo menos, eram inicialmente normais... Expropriadas de sua normalidade, bloqueiam-se. E só mostram que sabem ler e escrever quando se conquista sua confiança. Na escola, não. Afinal, não foi lá que lhes disseram que não sabem? Crianças normais que, com o passar do tempo, vão se tornando doentes, pela introjeção de doenças, de incapacidades, que lhes atribuem. Até o momento em que, aí sim, já precisam de uma atenção especializada. Não pelo fracasso escolar, mas pelo estigma com que vivem. Muitas já precisariam de um tratamento psicológico, para reconquistar sua normalidade, da qual foram privadas. Pela escola, pelas avaliações médicas, psicológicas, fonoaudiológicas, que se propuseram a ver apenas o que já se sabia que elas não sabiam.

Bibliografia

CANGUILHEM, G. *O normal e o patológico.* 2ª edição, Rio de Janeiro: Forense-Universitária, 1982.

COLLARES, C. A. L.; MOYSÉS, M.A.A. *Diagnóstico da medicalização do processo ensino-aprendizagem na 1ª série do 1º grau no município de Campinas.* Em Aberto, MEC/INEP, 57, 1995.

_____. *Preconceitos no cotidiano escolar. Ensino e medicalização.* São Paulo: Cortez/FE-FCM (UNICAMP), 1996.

CORRÊA, M.A.M. De rótulos, carimbos e crianças nada especiais... (mimeo). Dissertação de Mestrado, Faculdade de Educação/ UNICAMP; 1990.

GOFFMAN, E. *Estigma. Notas sobre a manipulação da identidade deteriorada.* Rio de Janeiro: Zahar, 1975.

LEWONTIN, R.C.; ROSE, S; KAMIN, L.J. *Not in our genes. Biology, ideology and human nature.* New York, Pantheon Books, 1984.

LÖWY, M. *As aventuras de Karl Marx contra o Barão de Munnchausen: Marxismo e positivismo na sociologia do conhecimento.* 3ª edição, São Paulo: Busca Vida, 1987.

MACHADO, A. M. *Crianças de classe especial: efeitos do encontro da saúde com a educação.* São Paulo: Casa do Psicólogo, 1994.

MOYSÉS, M.A.A., COLLARES, C.A.L. *A história não contada dos distúrbios de aprendizagem.* Cadernos CEDES, 28, São Paulo: Papirus, 1992.

_____. *Aprofundamento a discussão das relações entre desnutrição, fracasso escolar e merenda.* Em Aberto, (MEC/INEP) nº 57, 1995.

MOYSÉS, M.A.A.; LIMA, G.Z. *Desnutrição e fracasso escolar: uma relação tão simples? Revista ANDE* 5: 57, 1982.

MOYSÉS, M.A.A.; SUCUPIRA, A.C.S.L. *Dificuldades escolares.* In: *Pediatria em consultório* – org. A.C. Sucupira et al., 2ª edição, São Paulo: Sarvier, 1996.

PATTO, M.H.S. *Psicologia e ideologia: uma introdução crítica à psicologia escolar.* São Paulo: T.A. Queiroz, 1984.

SOUZA, M.P.R. *A psicologia no imaginário da escola.* Idéias (FDE), 23, 1994.

O PROFISSIONAL DE SAÚDE E O FRACASSO ESCOLA COMPASSOS E DESCOMPASSOS

CECÍLIA AZEVEDO LIMA COLLARES
PROFª DRª LIVRE-DOCENTE DO DEPARTAMENTO DE PSICOLOGIA
EDUCACIONAL, DA FACULDADE DE EDUCAÇÃO DA UNICAMP

MARIA APARECIDA AFFONSO MOYSÉS
PROFª DRª DOCENTE DO DEPARTAMENTO DE PEDIATRIA,
DA FACULDADE DE CIÊNCIAS MÉDICAS DA UNICAMP
COORDENADORA DO SETOR DE PEDIATRIA SOCIAL

Há anos trabalhando com questões relativas às áreas de educação e saúde, com destaque para o problema do fracasso escolar e as abordagens para o problema do fracasso escolar e as abordagens que vêm sendo propostas como soluções, hoje nos sentimos instigadas a estabelecer uma interlocução privilegiada com psicólogos, na tentativa de compartilhar algumas reflexões.

Uma de nossas preocupações atuais, tanto em pesquisa como em atividades de extensão, consiste em tentar apreender, em nos aproximarmos das representações daqueles que desenvolvem suas atividades no âmbito da escola, particularmente dos que as desenvolvem no cotidiano da sala de aula. E temos observado que os profissionais da saúde desempenham um papel especial na elaboração dessas representações.

Ao falarmos sobre fracasso escolar, não podemos deixar de contextualizar o problema. Estamos falando de índices altíssimos de retenção e evasão escolar, nas primeiras séries do primeiro grau, que permanecem quase inalterados no decorrer de cinco décadas. Houve reduções, lógico, porém a magnitude dos índices e o tempo transcorrido para pequenas reduções permitem falar em um quadro praticamente inalterado.

Os estudos de Fletcher e Ribeiro (1987) mostrar que, em 1943, 57,4% das matrículas na primeira série eram de alunos repetentes, enquanto em 1987 esse número era 53,7%. O fracasso escolar, principalmente na primeira série do primeiro grau, mantém-se em um patamar extremamente alto, praticamente inalterado nas últimas décadas.

Na década de 1980, estima-se que três milhões de crianças abandonaram a escola e que seis milhões foram reprovadas (Nutti, 1996).

Segundo a UNESCO, o Brasil é o país com o pior desempenho em educação em todo o mundo: a parti de critérios estabelecidos para inferir o número de pessoas que se esperaria terem concluído a quinta série em função das condições sociais e econômicas da região, cotejou-se essa expectativa com os dados reais de forma que quanto maior a diferença entre os dois indicadores, pior a situação educacional. De acordo com esse método, o país com a pior realidade educacional é o Brasil, em uma dimensão que não se pode pretender explicar pela situação social (Folha de São Paulo, 1995).

Os trabalhos de Sérgio Costa Ribeiro sustentam esta afirmativa. Na década de 1990, no Estado de São Paulo, o tempo médio de permanência na escola fundamental é 8,6 anos, porém o tempo médio para completar a oitava série é 11,7 anos, isto é, os alunos que conseguem completar a oitava série só o fazem em doze anos (Ribeiro, 1993). Em pesquisas nossas, em sessenta escolas estaduais em diferentes regiões do Estado de São Paulo, em muito poucas 10% dos alunos conseguiam completar oito séries em oito anos; a maioria das escolas apresentou coeficientes bem menores, em algumas inferiores a 1%. Acrescente-se que apenas 25% dos alunos que ingressam na escola completam a oitava série, segundo dados do IBGE, e teremos uma visão panorâmica da educação brasileira.

A democratização da escola revela-se, assim, como democratização do acesso à escola, mas não da escolarização.

É nesse quadro que queremos nos deter em um aspecto em particular: os descompassos que a área da saúde vem provocando na área educacional.

Para tanto, apenas como modelo de entendimento, vamos apresentar alguns dados de pesquisa que realizamos recentemente em escolas municipais e unidades básicas de saúde no município de Campinas. Nessa pesquisa, entrevistamos profissionais da educação (oito diretoras e quarenta professoras de primeira série) e da saúde (dezenove médicos, psicólogos e fonoaudiólogas). O objetivo era, por meio de entrevistas semi-estruturadas, gravadas, conhecer as opiniões desses profissionais a respeito da situação da educação brasileira, quais problemas consideravam prioritários, como entendiam o fracasso escolar, quais causas atribuíam a esse fracasso. Interessa-nos, ainda, identificar quais os referenciais teóricos que informam e mantêm essas opiniões, além de onde, quando e como foram apreendidos.

Queremos, agora, aprofundar um ponto específico da pesquisa.

Durante a entrevista, solicitamos a cada professora se era possível indicar quais os alunos de sua classe que não seriam aprovados ao final do ano. É importante ressaltar que todas as professoras foram entrevistadas no primeiro bimestre letivo. Todas consideraram possível realizar a tarefa proposta e, de posse do diário de classe, elencaram os alunos que achavam que seriam reprovados ao final do ano.

Nesse ano, havia 1.289 crianças matriculadas em quarenta salas de primeiro grau, em nove escolas municipais.

Destas, as professoras indicaram 559 que, em sua opinião, seriam retidos. Ao final do ano, 651 crianças reprovadas (50,5%). Das 559 com previsão de retenção, 526 foram de fato retidas, o que dá um índice de acerto da previsão de 94,1%.

Há alguns anos a importância da atitude preditiva do professor na determinação da aprendizagem – ou – não – do aluno foi bastante discutida, sendo conhecida, na época, como *profecia auto-realizadora*, inclusive comparada à história de Pigmaleão. O nosso dado não revela, assim, nenhum fato desconhecido dos educadores, apenas coloca sua preocupante atualidade, permanecendo ao longo de décadas como prática comum entre professores; dá, ainda, a dimensão do que ocorre, ao mostrar que não estamos falando de uma prática incomum, residual, mas de algo corriqueiro no cotidiano escolar.

Entretanto, interessava-nos uma aproximação maior com as formas de pensamento do professor; por isso, a cada criança apontada como futura retenção, perguntávamos qual a causa e, para cada causa, tentávamos identificar o que era entendido sob aquele nome, onde havia estudado sobre o assunto, se havia tido algum contato durante a graduação, enfim, onde havia aprendido sobre aquilo que considerava causa de não-aprendizagem.

Dentre as 559 crianças com retenção prevista, em 541 as causas apontadas situavam-se na própria criança, algumas vezes estendendo-se à família; em dezoito, as causas localizavam-se, na opinião das professoras, no âmbito familiar; em nenhuma criança foi indicada causa de ordem pedagógica.

Quais são as causas do fracasso escolar centradas na criança, na visão de professores? Basicamente, problemas de saúde, seja na esfera biológica, em que se destacam a desnutrição e as disfunções neurológicas, seja na esfera emocional, em que a gama de problemas citados cobre praticamente todos os compêndios de psicologia clínica.

Assim, segundo a opinião de professores, compartilhada totalmente pelas diretoras, os problemas de saúde constituem um dos grandes entraves para a instituição escolar sendo responsável pelos altos índices de fracasso escolar. Quando à origem dessas opiniões, todas referem que jamais estudaram o assunto e que aprenderam com a prática, com a experiência, com o senso comum:

> *"Nunca estudei nada que falasse sobre estas coisas no meu curso."*

> *"Você aprende sozinha. A pedagogia não prepara. Você pode ficar na psicologia da escola, mas a da sala de aula aprendi sozinha."*

> *"Nunca discuti essas questões no meu curso normal. É a experiência que me ensinou... Sempre ouvi falar disso..."*

> *"Bem, a gente tem experiência."*

Aprendem, também, com os profissionais de saúde, como disse uma diretora:

> *"O médico da escola examinava e dizia: 'Desnutrição. A criança quer aprender, mas não aprende'. Ele vinha e era muito bom, em menos de duas horas conseguia examinar de quinze a vinte crianças."*

> *"Quando eu estava no magistério, eu tive uma aula prática e pudemos assistir à aplicação do teste; mas a médica do postinho esteve aqui explicando tudo..."*

Acreditando que as crianças não aprendem por doenças, físicas ou emocionais, é coerente que uma das primeiras providências adotadas nas escolas para resolver o problema de crianças com mau rendimento seja o encaminhamento aos serviços de saúde.

Dentre as oito diretoras entrevistadas, sete disseram que, diante de um aluno com rendimento escolar precário, uma das primeiras ações consiste em encaminhá-lo a um serviço de saúde. Quanto às professoras, todas afirmam encaminhar rotineiramente crianças para consultas na rede de saúde pública ou privada.

Tentamos identificar os critérios para decidir, entre os que não aprendem, quais devem ser encaminhados à rede de saúde; encontramos apenas indicadores vagos, imprecisos, que se confundem com o próprio espaço pedagógico, em raciocínio tautológico, em que não dominar um conteúdo representa problema a ser investigado na área da saúde, esquecendo que a criança não poderia dominar tal conteúdo, pois havia sido reprovada exatamente por isso:

> *"Se a criança é repetente, ela tem pelo menos que conhecer as sílabas simples. Você dá um ditado e percebe que ela não conhece, você dá um exercício e ela não identifica, ela não tem seqüência de raciocínio ainda. Então, você vai começando a perceber que ela está fora completamente do padrão de uma criança normal".*

> *"(...) criança com mais de duas repetências, que não vão... precisam ser encaminhadas para a prefeitura, para a saúde mental (...)"*

> *"Se o aluno é bonzinho na escola e em casa e mesmo assim não consegue ir bem na escola, eu peço pra família levar ao médico para fazer um exame, um exame neurológico nele, porque eu acredito que ele tem um problema."*

A intensidade com que se encaminha crianças que apenas não aprendem na escola para serem avaliadas nos serviços de saúde e a facilidade com que se adota esse procedimento, tornando-o rotineiro, acabam quase por vulgarizá-lo, assim como os critérios e a própria tarefa de identificar quem dele necessita. Os profissionais da educação, em geral, acreditam em sua capacidade de identificar facilmente as crianças com possíveis problemas de saúde crêem em seu próprio tirocínio diagnóstico. Isso pode ser facilmente percebido tanto em suas falas, como nos encaminhamentos que são feitos, freqüentemente com solicitação de exames específicos, com destaque para o eletroencefalograma.

Estamos tentando colocar que os profissionais da educação, da mesma forma que atribuem o não-aprender na escola a problemas de saúde, atribuem aos profissionais da saúde uma competência quase mágica, com possibilidades de atuação infinitas.

> *"O aluno com problemas de saúde não pode render o esperado. Daí a necessidade de uma assistência no ramo da saúde. Uma das soluções talvez seria que as escolas fossem melhor assistidas, principalmente com psicólogos, fonos, médicos pediatras etc... para diagnosticar com precisão a necessidade do tratamento correto para cada criança."*

> *"Tem muitos alunos com problemas, as professoras não têm condições de avaliar, precisaria uma psicóloga, ou um assistente social dar uma passadinha rápida na escola, fazer uma avaliaçãozinha rápida e ajudar a gente em como trabalhar com essas crianças, porque se você encaminha para a saúde mental demora meses até ser atendido."*

> *"O Carlos é o mais problemático da minha classe. É uma criança que não senta, que não lê, que não pega um caderno, que não tem noção... fez pré-escola, veio da creche, mas não consegui descobrir o que essa criança tem, seria bom que um médico visse."*

Nesse ponto, é interessante desviarmos nosso olhar para o profissional da saúde, aquele para quem as crianças são encaminhadas pela escola.

Se os professores são malformados, deslocam o eixo das discussões do plano coletivo, pedagógico, para o plano individual, clínico, os profissionais da saúde pensam exatamente da mesma forma e têm uma formação com as mesmas falhas.

Todos os médicos, psicólogos e fonoaudiólogos entrevistados dizem que os problemas de saúde constituem um entrave para aprendizagem, consistindo em uma das principais causas do fracasso escolar no Brasil.

"Ao meu ver, muitas das escolas possuem alunos com dificuldade de aprender porque não possuem uma boa saúde. A saúde do escolar deveria ser a primeira coisa a ser observada e isso não acontece." (médico)

"As crianças têm muitos problemas na aprendizagem porque apresentam dificuldades de se relacionar com o ambiente da escola, têm muitos problemas emocionais em casa, com os colegas." (psicólogo)

"Esses dois problemas estão interligados, pois com uma saúde ruim o escolar não tem condições de se adaptar ao meio e nem condições físicas e psicológicas de aprender." (fonoaudióloga)

Perguntados sobre sua formação, como haviam adquirido os conhecimentos subjacentes às suas opiniões, apenas um médico relatou algum contato com o assunto durante sua graduação. Esse profissional contava que, em todo seu curso médico, havia tido *"duas ou três aulas teóricas, em que eram tratados todos os problemas de saúde do escolar."* Todos os demais afirmaram que não haviam tido estudo sistemático a respeito, seja na graduação, seja depois.

Também os profissionais de saúde têm uma formação profissional acrítica, a-histórica, baseada fundamentalmente em literatura americana, biologizante. Em seus cursos, os problemas de saúde da criança em idade escolar represen-

PSICODIAGNÓSTICO E AVALIAÇÃO

tam um tema quase insignificante, quando não totalmente ausente do currículo.

Em relação à formação do médico, Lima (1985) relata que a maioria dos cursos de medicina não faz em seus currículos qualquer menção à saúde da criança em idade escolar, muito menos se refere a assuntos como processo ensino-aprendizagem, desenvolvimento cognitivo, escola etc. As faculdades de medicina em que essa faixa etária constituía tema considerado relevante limitavam-se a incluir algumas poucas aulas teóricas na disciplina de pediatria. Pode-se afirmar que, desde então, esse quadro não se alterou significativamente.

Correa (1995) analisou a formação do psicólogo, especificamente do psicólogo escolar, e relata que, na maioria das faculdades brasileiras de psicologia, essa formação é essencialmente clínica, com algumas disciplinas que abordam problemas da idade escolar. Mesmo para o psicólogo escolar inexiste uma abordagem sistemática e contextualizada da escola, brasileira, das relações que se estabelecem no cotidiano dessa escola, do processo ensino-aprendizagem, do desenvolvimento cognitivo da criança em idade escolar.

Assim como o professor, o profissional da saúde constrói suas formas de pensamento com base no senso comum, em preconceitos disseminados na vida cotidiana, em uma prática efetivada sem a sustentação de teorias, isto é, uma prática não-científica. Porém, revestem suas opiniões e práticas de uma aparência e autoridade científica falsas. Autoritariamente, difundem suas idéias, embasadas em preconceitos, como se refletissem conhecimentos científicos.

A falta de formação evidencia-se ao ouvi-los falar de sua própria prática, de como atendem uma criança que vai mal na escola:

"Eu faço uma avaliação rápida, para ver se precisa de eletro, ou já de encaminhamento para a saúde mental.

Se não tem nada, peço alguns exames, de sangue, fezes e urina." (médico)

"Sempre peço, de rotina, alguns exames gerais, de sangue, urina e fezes. Se dá alguma coisa, eu trato e mando voltar em seis meses. Se não dá nada, aí depende, às vezes peço um eletro, às vezes mando para a saúde mental. Mas há algumas crianças que dá para perceber logo que têm algum problema de desenvolvimento, um retardo, aí não adianta nada. E depois, com o número de casos para atender, mais de quinze por período, e a fila de espera para os especialistas... Acaba-se fazendo nada mesmo." (médico)

Nem poderia ser diferente, com a ausência de formação adequada.

Acresça-se a isso o fato de que se está falando de um problema de ordem política e pedagógica, coletivo, institucional, para que não se perca a dimensão da impossibilidade de uma solução por parte da saúde.

Profissionais malformados, tanto na educação com na saúde, com uma prática fundada em opiniões, preconceitos, sem embasamento teórico. Esse quadro, sucinto, permite entender por que os pensamentos são semelhantes; as opiniões acerca das causas do fracasso escolar são as mesmas; as propostas de solução são idênticas; os *diagnósticos* da professora confirmam-se pelos médicos, psicólogos, fonos... Todos exercendo mais a ação de rotulação do que de diagnóstico.

Reforçando a identidade de atuação, é interessante relatar que, das quarenta professoras e oito diretoras, apenas uma referiu haver recebido um relatório sobre uma criança afirmando sua normalidade; todas as demais enfatizam, com orgulho, que encaminham corretamente:

"Todos que encaminhei tinham problemas, acertei."

"Nunca recebi de volta uma criança que dissessem que não tinha nada, que era normal."

Um problema de ordem institucional, político e pedagógico, cuja superação requer ações nesses campos. Assim poderíamos sintetizar o entendimento sobre o fracasso escolar da maioria dos que pesquisam na área.

Quando esse problema passa a ser tratado como se decorrente de doenças, físicas ou mentais, dos alunos, estamos presenciando o processo de sua medicalização, isto é, a tentativa de transformá-lo em um problema de causa e solução no campo da saúde, localizado na criança, inerente a ela. A fala dos profissionais, reduzindo o processo ensino-aprendizagem apenas ao pólo da aprendizagem, reflete a concepção subjacente: perante uma criança com mau rendimento escolar, o olhar será focalizado em quem não aprende, pois o problema só pode ter essa localização. Desvia-se, assim, a discussão para o plano individual, o fracasso escolar para ser decorrente de problemas da criança e não da estrutura política do país, da estrutura política e pedagógica da instituição escola.

Isenta-se de responsabilidades o sistema sóciopolítico, a instituição escola. O problema e as possibilidades de solução deslocam-se para a criança. Em outras palavras, a criança que não aprende na escola é vista como culpada pelo fracasso da instituição escola. O processo de inversão entre causa e efeito, de deslocar a discussão do eixo individual, coletivo, para o eixo individual de *culpabilizar a vítima*, é bem-discutido por Ryan (1976).

Falando sobre o processo de medicalização da sociedade, Donnangelo e Pereira (1976) apontam a extensão da prática médica como um de seus aspectos fundamentais. E ressaltam:

"No que se designa aqui por expressão da prática médica há que destacar pelo menos dois sentidos que devem merecer atenção: em primeiro lugar, a ampliação quantitativa dos serviços e a incorporação crescente das populações ao cuidado médico e, como segundo aspecto, a extensão do campo da normatividade da medicina por referência às representações ou concepções de saúde e dos meios para obtê-la, bem como às condições gerais de vida" (p.33).

A medicina, desde suas origens, cumpre o papel social de normatizar a vida de indivíduos e grupos sociais. Posteriormente, esse papel passa a ser desempenhado também pelas áreas de conhecimento que derivam da própria medicina, constituindo campos específicos, porém mantendo a mesma filiação ideológica, tanto no pensamento clínico como na função normatizadora. A ampliação desse papel a outras áreas da saúde tem nos levado a designar esse processo de "patologização", com o intuito de explicar a atuação medicalizante de todas as áreas e não apenas da medicina.

A normatização da vida tem por corolário a transformação dos problemas da vida em doenças, em distúrbios. Aí, surgem os distúrbios de comportamento, os distúrbios de aprendizagem, a doença do pânico, apenas para citarmos os mais conhecidos.

A atuação medicalizante – ou patologicamente – das ciências da saúde consolida-se ao ser capaz de se infiltrar no pensamento cotidiano, nas formas de pensamento que regem a vida cotidiana, com ênfase nos preconceitos que a permeiam. E a extensão e a intensidade em que esse processo ocorre podem ser apreendidas pela incorporação de seu discurso, não importa se científico ou preconceituoso, pela população.

Assim, para praticamente todos os segmentos que compõem a sociedade brasileira, problemas de saúde constituem uma barreira para a aprendizagem e, portanto, umas

PSICODIAGNÓSTICO E AVALIAÇÃO   149

das principais causas do fracasso escolar. Inclusive para os profissionais da educação. Inclusive para os profissionais da saúde.

Para os profissionais da saúde e da educação, a doença impede a aprendizagem. Porém, que tipo de doença é que gravidade? Aparentemente, essas questões não se colocam. Estar doente, não importa a gravidade (ou ausência de), nem a época da vida em que se esteve doente, nem o tempo (tanto faz se aguda ou crônica, se dura dias ou anos), é um estado absoluto. A doença, nesse imaginário, não admite modulações.

O processo saúde/doença é transformado em saúde total ou doença total. Perde sua relação de determinação com condições de vida, com inserção familiar nos estratos sociais, nos meios de produção. Torna-se-a histórico. Tal concepção de saúde e doença, que prioriza ao extremo o aspecto biológico, que foca sua atenção quase exclusivamente no indivíduo, tanto em relação a determinantes quanto a soluções, não pode admitir condicionantes. Afinal, uma hemácia será sempre uma hemácia, independente da região geográfica e da inserção social. Mais grave, para essa concepção hemácia e escola não se distinguem, assim como aprendizagem, cognição, motivações... Tudo é reduzido ao plano da natureza, das ciências naturais; tudo é passível das mesmas formas de análise, de entendimento.

Ao falarmos sobre a atuação normatizadora das áreas da saúde, não podemos deixar de destacar o papel que os testes de inteligência[11] têm desempenhado, como instrumentos de classificação das pessoas; instrumentos ideológicos de rotulação que legitimam as diferenças de classe, de condições de

---

[11] A discussão sobre os testes de inteligência escapa aos objetivos deste texto; para os interessados, remetemos ao texto *"Respeitar ou submeter: a avaliação de inteligência em crianças em idade escolar"* de nossa autoria, nesta publicação.

vida. A atuação classificatória só se mantém pela concepção normatizadora subjacente. Para classificar, é necessário normatizar e vice-versa, ambas atitudes fundadas em juízos de valores.

E, aqui, defrontamo-nos com o papel que os profissionais da saúde desempenham na sociedade, nas formas de atuação diante dos problemas que lhes são colocados. Em uma época em que as críticas ao caráter ideológico dos testes de inteligência, à sua pretensão de mensurar a inteligência de uma pessoa quando apenas avaliam conhecimentos prévios (valorizando apenas um determinado tipo de conhecimentos, relacionados a valores sociais de determinados estratos) são disseminadas, estes ainda continuam sendo empregados por psicólogos como instrumento privilegiado para definir as crianças que devem ser encaminhadas às classes especiais.

Penúltima etapa na segregação escolar da criança, só superada pelas escolas especiais, a classe especial representa uma forma de oficialização da incapacidade da criança. Incapacidade para aprender, para ser cidadão. Uma forma atualizada da exposição da Grécia antiga, em que recém-nascidos com defeitos físicos eram *ex-postos*, colocados em local público e deixados à própria sorte. Na escola atual, as crianças com *defeitos na inteligência* (as crianças pobres, nunca é demais lembrar) são colocadas nas classes especiais.

A responsabilidade do profissional, no caso o psicólogo, ao encaminhar uma criança para uma sala especial, ignorando o que acontece em seu interior, o destino que está sendo definido para a criança, não pode ser minimizada. Quando esse encaminhamento é sustentado por um teste de inteligência, sua responsabilidade é ainda maior.

Essa é uma questão que não deve continuar sendo escamoteada: a formação precária do psicólogo o torna conivente com uma estrutura de exclusão da maioria da população. Enfrentá-la é essencial para superá-la, pela transformação da prática profissional.

No campo educacional, a saúde estende sua ação normatizadora em dois sentidos complementares: outorga-se a competência para estabelecer o que é normal e o que não é, em termos de aprendizagem escolar; e afirmar que, quando a aprendizagem não é normal, deve-se a uma doença, obviamente campo de atuação dos profissionais de saúde.

Ocorre a construção artificial de uma área de atuação. A partir daí, essa forma de pensar os problemas da não-aprendizagem rapidamente se dissemina e se incorpora ao imaginário de todos, inicialmente professores, depois também os pais e a própria criança. Nesse momento, começa o movimento no sentido inverso, fechando-se o círculo: a busca de solução médica, psicológica, fonoaudiológica, para os problemas educacionais, por parte da escola e da família.

A extensão do caráter normativo da saúde tem como uma de suas conseqüências a criação de demandas artificiais pelo próprio serviço de saúde. A demanda por serviços, mesmo quando aparenta ser espontânea, é conformada pelo próprio serviço, que define, *a priori*, seus critérios de inclusão/exclusão, isto é, suas prioridades. Posteriormente, a população enquadra-se nesses critérios. Essa questão é discutida por Singer (1988). Incluindo os serviços de saúde e de educação como *serviços de controle*, assim, descreve:

> *"(...) serviços que poderiam ser chamados de controle, cuja finalidade é evitar que contradições, seja no plano econômico, social ou mesmo natural, venham a perturbar a produção ou o consumo dos bens (materiais e imateriais) dentro da ordem constituída. Tais contradições podem provir do contato com o meio natural (como se originam muitas das enfermidades) ou do relacionamento dos homens entre si (que originam choques sociais, transgressões*

dos códigos de conduta, enfermidades mentais)" (Singer, 1988, p. 12).

Continuando, explica didaticamente como a demanda é construída:

"As contradições que estes serviços são chamados a controlar, no sentido de as prevenir, suprimir ou manipular, são produzidas pela dinâmica social, sendo reconhecidos como problemas pelo consenso dos grupos dominantes da sociedade. Esta problematização, no entanto, é transformada em demanda pela atividade de um outro Serviço de Controle mediante a atuação dos especialistas que integram tais serviços. Assim, determinadas condutas que se chocam com as regras da moral dominante são condenadas pela opinião pública, como, por exemplo, o uso da maconha. Uma vez caracterizado o problema, determinados Serviços de Controle se propõem a resolvê-lo, suscitando uma demanda adicional por sua atividade. [...] Este processo permite às instituições que prestam Serviços de Controle praticamente produzir os problemas concretos que pretendem resolver. É claro que esta definição de áreas problemáticas de atuação não se faz sem que haja consenso a respeito, mas convém notar que sendo os que falam pelos diversos Serviços de Controle tidos como especialistas, a sua opinião tende a influenciar o consenso a respeito da delimitação de seu campo de atividade" (Singer, 1988, p. 15).

Transportando a análise pára nosso objeto, crianças que não aprendem na escola, funciona aproximadamente assim: os especialistas da saúde afirmam que não aprender constitui uma doença, que necessita de especialistas para o tratamento. Aí, surgem especialidades, como medicina do adolescente, saúde escolar, psicologia do escolar, enfermagem escolar, fonoaudiologia escolar etc. Cada especialista apresentando-se como indispensável para a solução do fracasso escolar. As professoras, aprendendo com os especialistas da saúde, começam a encaminhar crianças com mau rendimento escolar aos serviços de saúde para serem atendidas, avaliadas, tratadas. Os serviços de saúde, ante a demanda, denominada espontânea, contratam profissionais especializados no assunto, que atendem mais crianças, criam mais demanda, contrata-se mais... Cria-se uma espiral viciada, que representa, em última análise, uma ampliação do mercado de trabalho, uma ampliação quantitativa dos serviços de saúde, o aumento no processo de "patologização".

Nessa luta pela ampliação do mercado de trabalho, dois aspectos merecem ser destacado.

O primeiro se refere ao fato de que, para uma determinada vertente da psicologia, não basta a existência do psicólogo escolar, é necessário que ele esteja diretamente vinculado à educação. Faculdades, entidades sindicais, conselhos unem-se em busca da inserção do psicólogo na escola.

Não estamos negando a importância da atuação profissional do psicólogo, ao contrário. Compartilhamos da posição defendida dentro da própria psicologia de que, para que esse profissional possa atuar adequadamente em um ambiente, na dinâmica das relações interpessoais, é essencial que não esteja diretamente vinculado a esse ambiente. Para trabalhar as relações em uma escola, o psicólogo não pode estar lotado na própria escola; o distanciamento é condição primordial para sua atuação. Um psicólogo que trabalhe em uma unidade de saúde poderá, se solicitado, desenvolver esse tipo de trabalho na escola com muito mais propriedade. A outra possibilidade de trabalho psicológico, a abordagem clínica, só pode ser desenvolvida na rede de saúde, sob pena de transformar o espaço educacional em um espaço clínico (Collares e Moysés, 1992).

Entretanto, nesse movimento, o ponto central é exatamente este: a inserção do psicólogo na escola. Questões como contextualização da instituição escolar, do fracasso escolar; possibilidades e, principalmente, limites de sua atuação; contribuições efetivas que podem ser esperadas para a superação do problema, todas são questões relegadas a planos secundários. Constitui, basicamente, um movimento pela ampliação de possibilidades de trabalho para o psicólogo.

O outro fato que evidencia a interferência da luta por mercado de trabalho diz respeito a psicopedagogia. Trata-se de área de atuação que surge na esteira do fracasso escolar propondo-se a resolver, no plano individual, o problema de crianças que não aprendem na escola. Representa assim, a concretização da patologização da educação.

Durante anos, a pedagogia colocou em segundo plano questões específicas, relacionadas com a prática pedagógica, com o fazer pedagógico. É nesse vazio, na angústia do professor em busca do como fazer, que surge a psicopedagogia, com uma atuação ainda mais normatizadora, disseminando promessas, tanto para o aluno, como para o profissional. A psicopedagogia, em si, reflete a criação de demandas artificiais e de mercado de trabalho no âmbito educacional. Entretanto, a disputa pela reserva de mercado, nas tentativas de configurar a psicopedagogia como área de atuação exclusiva do psicólogo, torna ainda mais evidente que está em jogo apenas a luta pelo mercado, e não diferenças de referenciais conceituais.

Com um detalhe que não pode ser esquecido: o problema original, o fracasso escolar, continua intocável, inatingido pela proposta e práticas adotadas. Pelo simples motivo de que essas medidas são incapazes de apresentar resultados objetivos, não representando formas concretas de enfrentamento do problema, mas apenas respostas dos serviços de controle, extensões do campo normativo.

Este é o ponto central: o fracasso escolar constitui problema institucional, político e pedagógico, que só pode ser efetivamente enfrentado, superado, por mudanças institucionais nos campos político e pedagógico. Medidas individuais, centradas na criança, são incapazes de atingir os objetivos a que se propõem.

As áreas da saúde apresentam-se como portadoras de propostas capazes de erradicar o fracasso escolar. Uma proposta artificial, incapaz de ser cumprida. E que, além de não resolver o problema original, cria outro: a patologização do processo ensino-aprendizagem, com a introjeção de doenças inexistentes, por crianças inicialmente saudáveis.

Falando da atuação medicalizante em relação aos problemas de saúde, Luz (1979) coloca:

"Ao povo restam os 'milagres' médicos e os milagreiros populares. De fato, se econômica e politicamente ele foi o grande excluído do 'milagre', só lhe restou a procura de outros santos. As instituições médicas têm sido, assim, um 'santo remédio' para os males da saúde do povo."

A medicina, a psicologia, a fonoaudiologia vendem um milagre. Um milagre que sabem ser impossível.

Impossível porque o problema da não-aprendizagem é determinado por questões inerentes à instituição escolar, pedagógicas e não médicas. Trata-se de problema construído no cotidiano da sala de aula (Patto, 1990), e, como tal, apenas através da transformação desse cotidiano pode ser efetivamente enfrentado.

E, por acreditar nessas promessas, sem dúvida aliadas ao fato de que a saúde está cumprindo o papel que interessa à educação, em uma complementariedade de ações, educadores vêm delegando seu próprio espaço a profissionais da saúde.

O papel normatizador dos especialistas da saúde, a delegação de funções, a extensão da abrangência de atuação institucional, toda a discussão aqui apresentada pode ser visualizada na fala de uma professora:

"A gente não tem estudo suficiente, técnica, prática... para entender o porquê, dessas coisas, desses alunos que não querem aprender, se negam... aí teria que ter um trabalho de assistência social, psicológicos, médicos..., ou qualquer um..."

Qualquer um é competente para solucionar o problema, menos o professor, na verdade o único profissional com condições reais de transformar sua própria prática pedagógica, em busca do sucesso escolar. Um profissional que está sendo expropriado da competência e área de atuação.

Cabe aos profissionais de saúde o desafio de redirecionar sua própria prática, a fim de participar da construção de uma sociedade fundada efetivamente nos princípios da igualdade entre todos, da cidadania. O desafio de participar da construção de instituições sociais que se proponham a enfrentar os problemas, rompendo com a cultura de apenas resolver os conflitos sociais que decorrem dos problemas reais.

Bibliografia

COLLARES, C.A.L. *O cotidiano escolar patologizado. Espaço de preconceitos e práticas cristalizadas.* (mimeo) Tese de Livre-Docência, Faculdade de Educação/UNICAMP, 1995.

COLLARES, C.A.L.; MOYSÉS, M.A.A. *O renascimento da saúde escolar legitimando a ampliação do mercado de trabalho na escola.* Cadernos CEDES, 28. São Paulo: Papirus, 1992.

COLLARES, C.A.L.; MOYSÉS, M.A.A. *Diagnóstico da medicalização do processo ensino-aprendizagem na 1ª série do 1º grau no município de Campinas. Em Aberto,* MEC/INEP, 1993.

CORREA, M.A.M. *O psicólogo escolar de hoje... O fracasso escolar de sempre.* (mimeo) Tese de Doutorado, Faculdade de Educação/UNICAMP, 1995.

DONNANGELO, M.C.F.; PEREIRA, L. *Saúde e sociedade.* São Paulo: Duas Cidades, 1976.

FLETCHER, P.; RIBEIRO, S.C. *O ensino de 1º grau no Brasil hoje. Em Aberto,* MEC/INEP, 1987.

LIMA, G.Z. *Saúde escolar e educação.* São Paulo: Cortez, 1985.

Luz, M.T. *As instituições médicas no Brasil.* 2ª edição. Rio de Janeiro: Graal, 1979.

NUTTI, J.Z. *Concepções sobre as possibilidades de integração entre saúde e educação: um estudo de caso.* (mimeo) Dissertação de Mestrado. UFSCAR, 1996.

PATTO,M.H.S. *A produção do fracasso escolar.* São Paulo: T.A. Queiroz, 1990.

RIBEIRO, S.C. *Educação e cidadania.* In: *Educação e modernidade. As bases do desenvolvimento moderno.* VELLOSO, J.P.R.; ALBURQUEQUE, R.C. São Paulo: Nobel, 1993.

RYAN, W. *Blaming the victim*. New York: Vintage Books Edition, 1976.

SINGER, P; CAMPOS, O., OLIVEIRA, E.M. *Prevenir e curar: controle social através dos serviços de saúde*. Rio de Janeiro: Forense Universitária, 1988.

PARTE IV
Relato de Experiências

SAÚDE E ESCOLA: A EXPERIÊNCIA DE SANTOS

CARLA BERTUAL
DIRETORA DO CENTRO DE VALORIZAÇÃO DA CRIANÇA
SANTOS – SP

Em primeiro lugar, eu gostaria de cumprimentar o Conselho Regional de Psicologia pela iniciativa e pelo entusiasmo com que retoma o tema da educação especial. São exatamente os temas referentes aos grandes instituídos os que mais deveriam aguçar os nossos ímpetos, renovar velhos sonhos, arejar velhos saberes e reacender os desejos de mudança. Para muitas crianças, nada é mais importante e decisivo para suas vidas que o nosso compromisso com seus direitos, o nosso compromisso com sua infância.

Eu vou falar sobre a experiência de trabalho entre as áreas de saúde e educação no município de Santos, realizado desde o ano de 1989. Uma experiência que já dura, praticamente, seis anos.

A experiência surge em dois cenários de contornos bastante definidos: a implantação, construção do Sistema Único de Saúde (SUS) em Santos; e a determinação em cumprir integralmente o Estatuto da Criança e do Adolescente.

Cumprir integralmente o Estatuto da Criança não quer dizer apenas promover a instalação dos dispositivos legais que tornam os direitos de crianças e adolescentes exigíveis (Conselho de Direitos e Conselho Tutelar); requer trazer para o debate, até a relação interpessoal adulto-criança, a doutrina da proteção integral da criança: a criança como um sujeito de direitos.

De forma bastante sintética, David Capistrano[1] diz que a construção do SUS é a constituição de uma rede de serviços hierarquizados pelo grau de complexidade das ações práticas, integrados através da referência e contra-referência, eficazes e distribuídos especialmente de forma a assegurar o amplo acesso dos usuários. A orientação de sua atividade, apolítica de saúde deve ser democraticamente escolhida sendo assegurada a ampla participação popular.

Dentre as ações definidas pelo Diretor de Saúde, temos o programa de saúde escolar, agora que a educação é um direito.

Outro cenário é a implantação do Estudo da Criança e do Adolescente, a partir de 1991, que traz para o debate um novo valor para a infância e uma nova concepção para esse período da vida.

O programa de saúde escolar surge do encontro desses dois cenários como uma tarefa de construção e desconstrução de algumas idéias e relações entre os envolvidos no processo de aprendizagem das crianças.

Alguns aspectos dessa tarefa se mostraram, de imediato, como necessidades. As diversas nuanças da relação saúde/escola mostravam-nos um panorama: médicos, dentistas, psicólogos, enfermeiros e auxiliares eram lotados nas escolas e ali desenvolviam ações bastante conhecidas: inspeção de alunos para liberá-los das práticas de educação física, tratamento dos surtos de piolho e escabiose, diagnóstico e tratamento de eventuais enfermidades, tratamentos odontológicos e ações de propaganda de certos hábitos de higiene bucal, exame das crianças com dificuldade de aprendizagem ou convivência escolar.

---

[11] Este texto é uma transcrição de palestra na qual David Capistrano é citado informalmente, sem se fazer referência a um livro específico (N.E.).

Os profissionais foram remanejados às unidades básicas para trabalhar nos diversos programas da saúde da criança das policlínicas, cada unidade responsável pela saúde da população de toda uma área, de um território composto de sujeitos creches, asilos, pré-escolas, clubes, praças, residências, comércio, serviços.

Portanto, ao deixar de ter sua base na escola, o programa de saúde escolar trouxe para o debate inúmeras contradições e exigiu esforços de ambas as partes, saúde e educação, para adentrar ao território, para enfrentar a problemática da evasão, repetência, fracasso, dificuldades de convivência e deficiência mental, que se encontravam "protegidas" dentro do ambiente escolar, numa relação de cumplicidade e complementariedade.

Surgiram basicamente dois pólos de antagonismo. Por um lado, os diagnósticos médicos-psicologizantes encobriam o fracasso pedagógico em lidar com as diferentes demandas de ensino e trazia conseqüências perversas para as crianças e suas famílias; por outro lado, mas não sem trazer menos prejuízo para as crianças, a tendência em responsabilizar supostas carências pedagógicas encobrindo o fracasso de campanha de (des) "educação" de padrões de comportamento, que colocavam expectativas distantes da realidade e dos valores de muitas famílias.

No plano dos profissionais envolvidos, tínhamos os seguintes questionamentos:

1 – O significado medicalizante e psicologizante e a subalternização da pedagogia e da escola.

2 – O da precariedade técnico-científica dos diagnósticos em si mesmo.

A partir dessas discussões e do diagnóstico da necessidade de um serviço de proteção às vitimas de maus tratos e depois de uma experiência de intervenção numa instituição para deficientes mentais, foi fundado o Centro de Valorização da Criança (CVC), com o objetivo de ser uma referência na cidade para as crianças na garantia dos seus direitos. O CVC começou a trabalhar antes da promulgação do Estatuto da Criança e do Adolescente, recebendo e encaminhando denúncias e notificações de violência contra crianças e adolescentes.

O programa de saúde escolar foi especialmente valorizado pois a situação colocada era bastante desfavorável à garantia do direito fundamental de ser respeitada enquanto ser em desenvolvimento.

O Estatuto da Criança e do Adolescente apontou o caminho para a constituição da criança cidadã de uma forma bastante favorável para os profissionais da área "psi", pois o tema "desenvolvimento" é um velho conhecido desse tipo de profissionais. Vários autores como Winnicott, Piaget e Vygotsky contribuíram com questões referentes à relação dependência/independência, à descentração do conhecimento e quanto à importância dos fatores relacionais do "fazer sozinho o que aprende com o outro", indicando que essas dimensões têm ritmos próprios e, necessariamente, implicam a presença de um outro; o espaço relacional é, em última instância, o *locus* da constituição do sujeito, espaço que é, além de tudo, espaço público: escola, creche, hospital etc.

Em termos operacionais, foi tomada como estratégia básica a formação de um grupo de trabalho composto de profissionais das áreas de saúde e educação para definir ações necessárias nas duas áreas.

1 – Foram estabelecidas referências entre as escolas e o CVC, isto é, entre as escolas e os técnicos do CVC.

2 – Foi eleito o Profissional Orientador Pedagógico para ser referência da Escola com o profissional do CVC.

RELATO DE EXPERIÊNCIAS

3 – Foi implantado um processo de avaliação das demandas encaminhadas ao CVC QUE privilegia a interdisciplinaridade e coloca a avaliação psicológica como mais um aspecto na compreensão da criança pela equipe multidisciplinar.

4 – A avaliação psicológica privilegia aspectos relacionais, a socialização e a autonomia das crianças. Nesse sentido, visa dar subsídios de trabalho para o trabalho do professor e para a equipe da escola no projeto pedagógico.

5 – Foi estabelecida a prática de devolutivas sistemáticas às orientadoras pedagógicas das crianças encaminhadas ao CVC. Essa devolutiva é dada pelo técnico de referência para a escola.

6 – Foram implantadas salas de apoio ao desenvolvimento que funcionam em substituição às extintas salas especiais da rede municipal de ensino. As salas de apoio funcionam antes ou depois do horário regular de ensino da classe comum. Essas classes trabalham em forma de oficina pedagógica e são regidas por professores de educação especial.

7 – Foi instituído um grupo de trabalho entre técnicos do CVC e orientadoras pedagógicas que visa implementar o papel do orientador como um profissional que discute o desenvolvimento infantil na escola, orientada famílias e tem capacidade para propor soluções dentro da dinâmica da própria escola.

O mesmo ocorre em relação à sala de apoio que, diferentemente das salas especiais, não requer um laudo psicológico para ingresso e, dessa forma, garante autonomia da escola.

A experiência tem nos mostrado que os encaminhamentos de crianças para o serviço de saúde vêm diminuindo consideravelmente e que as demandas dos profissionais das escolas são formuladas de outra maneira, na qual eles se incluem no processo pedagógico. Estamos, nesse momento, discutindo a participação dos profissionais de saúde no cotidiano da sala de apoio. Pudemos observar que outras questões surgem quando os profissionais envolvidos têm liberdade para apreender a realidade em que a criança está inserida, para pensar o cotidiano de suas vidas e a qualidade das relações que estabelecem com seus alunos. Atualmente, estamos recebendo demandas regionalizadas que vêm apontando para a análise e o aprofundamento do trabalho nos territórios.

A primeira descentralização do CVC acontece na região central da cidade e a segunda deverá ocorrer na zona noroeste.

Recentemente, lançamos a campanha "Toda criança na escola" que visa enfrentar as questões da retenção e da evasão escolar. Diversos setores da comunidade se mobilizaram como voluntários para participar da campanha, realizando visitas domiciliares, pesquisas, entrevistas com pais e alunos, dando aulas de reforço, fazendo coletas e doações em dinheiro ao Fundo Municipal dos Direitos da Criança e do Adolescente.

A nova conjuntura do SUS e do Estatuto da Criança e do Adolescente exige dos profissionais uma nova postura e capacidade de entendimento, uma abertura para transformar e promover direitos e relações. Indica também que os referenciais podem estar mais próximos e que a transformação é sempre transformação da realidade. Uma realidade que para milhares de crianças é de um trágico cotidiano de exclusão social e privação dos direitos fundamentais de cidadania.

FÓRUM DE SAÚDE MENTAL[1]

Maria de Lima Salum e Morais
Psicóloga da Administração Regional de Saúde de
Santo Amaro e Parelheiros (ARS-9), Secretaria Municipal de
Saúde, Prefeitura do Município de São Paulo

Chamamos de fórum de Saúde Mental a uma série de dezoito encontros que ocorreram na região Sul do Município de São Paulo, de abril de a 1993 a junho de 1996. Tais encontros foram promovidos pela Administração Regional de Saúde de Santo Amaro e Parelheiros (ARS-9), órgão da Secretaria de Saúde da Prefeitura do Município de São Paulo, e congregavam profissionais dessa Secretaria (das unidades básicas de saúde, ambulatórios de especialidades e Centro de Convivência), das secretarias municipal e estadual de educação (delegacias de ensino e escolas), Secretaria Municipal do Bem-Estar Social (supervisões regionais, creches, centros de juventude e Centro de Convivência), do Conselho Tutelar da Capela do Socorro, do Circo-Escola Enturmando Grajaú (educadores de rua), de ONGs e de movimentos sociais. A alguns encontros compareceram também profissionais das secretarias de esporte e cultura e de escolas e creches particulares e conveniadas.

Histórico

O Fórum de Saúde Mental iniciou-se no Distrito de Saúde de Grajaú, Interlagos e Parelheiros (um dos dois Distritos de Saúde de ARS-9 – ver mapa a seguir), na procura de alternativas para a atenção em saúde mental aos moradores da região, tendo em vista que, na ocasião, os baixos investimen-

---

[11] Este trabalho foi apresentado no I Encontro de Educação Especial, promovido, em outubro de 1995, pelo Conselho Regional de Psicologia – 6ª Região - São Paulo, e atualizado, para esta publicação, com alguns fatos ocorridos em 1996.

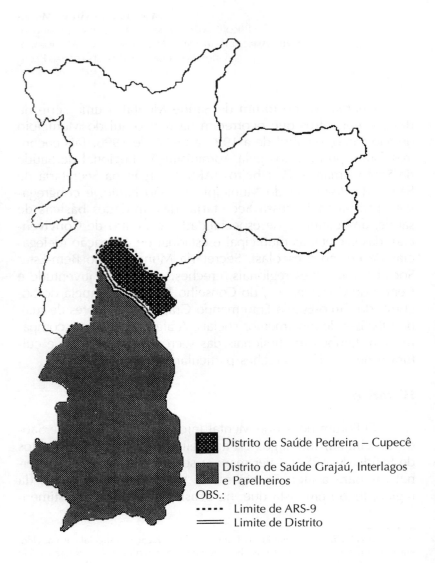

tos no setor de saúde acabam por reduzir os já escassos recursos humanos dos equipamentos de saúde pública da área. Pela distância e extensão geográfica da região, os subdistritos de Grajaú e Parelheiros estão entre os primeiros locais da Cidade de São Paulo a se ressentirem dos efeitos de uma política recessiva de saúde.

Nos dois primeiros encontros do Fórum (1º semestre de 1993), os participantes levantaram a possibilidade de trabalhar com um problema comum: as chamadas dificuldades escolares, ou de aprendizagem, de crianças e adolescentes da região. De um lado, escolas e creches queixavam-se do grande número de alunos nessas condições, pedindo soluções aos profissionais de saúde. De outro, os técnicos da saúde, em número bastante reduzido, relatavam que tinham precárias condições para dar atendimento a um contingente tão grande de instituições educativas. Entretanto, o grupo – ou uma parte dele – tinha necessidade de fazer alguma coisa além de se queixar. Surgiu, assim, a idéia de se fazer um levantamento de algumas características da clientela que demanda os serviços de profissionais de saúde mental nas unidades de saúde da região.

Nos encontros que se seguiram (2º semestre de 1993), houve relatos de experiências de trabalhos com dificuldades de aprendizagem, de atividades integradas já existentes, envolvendo profissionais de saúde, educação e bem-estar social, e discussões em subgrupos divididos pelo critério de proximidade das instituições envolvidas. Enquanto isso, os dados de demanda eram colhidos e trabalhados, tendo sido organizados para apresentação no início de 1994.

Resumimos, a seguir, os principais dados obtidos no levantamento.

Foram aplicados 179 questionários, cobrindo 15% da demanda de crianças e adolescentes de 5 anos a 14 anos e 11 meses de idade, atendidos nas unidades de saúde por psicólo-

gos, fonoaudiólogos e terapeutas ocupacionais, no período de abril a junho de 1993.

Os principais resultados mostraram que 57,5% das queixas de crianças e adolescentes que procuravam o serviço de saúde mental das unidades de saúde envolviam dificuldades de aprendizagem e 7,3%, problemas de comportamento na escola, totalizando os problemas escolares 64,8% das queixas explícitas.

A maioria dos usuários com queixa escolar (82,9%) tinha entre 7 e 12 anos de idade. Predominaram sujeitos do sexo masculino (63,1% da mostra), cujo comportamento costuma mostra-se mais perturbador aos olhos do professor.

Estavam cursando a segunda série 50,7% das crianças atendidas, com queixa de dificuldade de aprendizagem e com ingresso aos 7 anos na escola. Dessas, 7,5% tinham 9 anos ou mais, o que já indicava uma ou mais repetências.

A principal fonte encaminhadora, dos 5 aos 11 anos de idade, foi a escola (33%), seguida por outro profissionais ou instituições (29,6%).

Independentemente da queixa, na conduta adotada pelos profissionais predominavam o psicodiagnóstico (58,1%), a terapia com a criança (85%) e a orientação familiar (73,2%). Poucos (16,7% dos casos) eram os encaminhamentos feitos a equipamentos sociais (centros de convivência, oficinas culturais, centros esportivos etc.) – que podem ajudar muito no desenvolvimento social, cognitivo, na comunicação e expressão da pessoa – e raras as orientações ao professor ou à escola (que ocorreram em 23,5% dos casos). Esses dados – que indicam a conduta medicalizadora dos profissionais de saúde, que adotam para si a queixa e reforçam a crença da escola de que existe algo errado com a criança – levaram-nos a importantes reflexões, que trouxeram a necessidade de mudanças no modelo de atuação dos profissionais de saúde. Fizeram-no ver a

RELATO DE EXPERIÊNCIAS 171

necessidade de ir até a instituição educacional para investigar, no local onde surgem, os motivos de tantos desencontros e dificuldades.

No VI Fórum, realizado em março de 1994, foram apresentados e comentados os dados do levantamento. Redigimos um relatório com os resultados e conclusões dessa investigação e distribuímos cópias para todas as unidades de saúde e delegacias estaduais de ensino da região (17ª, 18ª e 20ª), supervisões regionais do bem-estar social e Delegacia Regional de Ensino Municipal nº 6 (DREM-6). Desencadeou-se, então, um processo de maior aproximação entre saúde e educação, que só veio a romper-se com a entrada do Plano de Atendimento à Saúde (PAS), em meados de 1996[2].

O VII e VIII Fóruns foram marcos que atestam a importância de um levantamento sistemático, com dados numéricos adequadamente trabalhados que comprovem até mesmo o que se conhece empiricamente, e a respectiva divulgação, oral, e escrita, aos principais interessados. No VII Fórum foi garantida, pelo coordenador do programa de saúde mental da região, a continuidade dos encontros (que, por questões político-administrativas, estava ameaçada), desde que se estendessem à Administração Regional de Santo Amaro e Parelheiros como um todo, passando a incluir os profissionais do outro Distrito de Saúde da ARS-9, que abrangia a região de Santo Amaro e Pedreira (Distrito de Pedreira – Cupecê – ver mapa

---

[22] O PAS, criado na gestão do Prefeito Paulo Maluf, transferiu a responsabilidade dos atendimentos de saúde do poder público para profissionais constituídos em cooperativas. Esse plano trouxe um fortalecimento da abordagem assistencialista em saúde, em detrimento de ações integradas que possibilitassem uma intervenção mais eficaz nas fontes determinantes do adoecimento da população – um dos pressupostos de trabalhos como o do Fórum de Saúde Mental. Com a entrada do PAS, os profissionais que discordavam da política de saúde que norteou o plano foram obrigados a se deslocarem de suas unidades de atuação, o que gerou a ruptura e desarticulação de todos os trabalhos que visavam, de alguma forma, à intervenção para melhorar a qualidade de vida dos usuários dos serviços de saúde.

da página 168). A diretora da Delegacia Regional de Ensino Municipal da região (DREM-6), ao tomar contato com o relatório do levantamento, constatando a coincidência dos comentários com aspectos que vinha observando nas escolas, solicitou-nos cópias para serem enviadas a todas as escolas municipais sob sua coordenação e convocou as coordenadoras pedagógicas a comparecerem ao VII Fórum. Por esses motivos, de uma média de quarenta participantes, os encontros passaram a contar com cerca de oitenta.

Nesse encontro, discutimos alguns pontos que destacamos nos relatórios do levantamento de demanda e começaram a se esboçar as primeiras propostas de trabalho nos subgrupos de regiões menores, a que denominamos microrregiões. Percebemos que as pessoas necessitavam de um espaço de fala, com possibilidade de escuta das dificuldades encontradas no dia-a-dia, e de troca de experiências.

Já podíamos notar alguns problemas com as reuniões do Fórum: a oscilação de participantes, muitos dos quais chegavam ignorando os propósitos dos encontros; representantes das instituições educativas que não repassavam aos companheiros o teor das reuniões; a má compreensão do que queria dizer saúde mental, acompanhada da necessidade de incluir novos temas nas discussões, como saúde ocular, bucal etc.; pouca clareza quanto aos objetivos do Fórum; dificuldades de comunicação dentro das instituições quanto à data e o horário dos encontros; a não-oficialização do espaço, que impedia que alguns participantes pudessem freqüentá-lo dentro de seu período de trabalho. Em vista dessas dificuldades, no IX Fórum (setembro de 1994) resolvemos propor que os grupos, divididos por microrregiões, esboçassem quais seriam os objetivos e a operacionalização dos encontros.

Como o evento durou três anos, houve, naturalmente, alterações em nossos rumos e horizontes à medida que o grupo amadurecia e se estabilizava. Podemos, entretanto, sintetizar os objetivos dos encontros como se segue.

Principais objetivos

a) Do Fórum

Em *primeiro* lugar, visávamos manter um espaço para o conhecimento mútuo de profissionais de serviços públicos, e eventualmente particulares, voltados para o atendimento da população nos setores de saúde e educação (entendida de maneira ampla, incluindo creches, oficinas culturais, esportivas, educadores de rua, centros de convivência) de uma mesma região do Município de São Paulo (Pedreira-Cupecê, Santo Amaro, Capela do Socorro, Grajaú e Parelheiros). Sabemos que é freqüente que serviços muito próximos e que atendem a mesma clientela desconheçam seus vizinhos, sua realidade e seu trabalho. Em tese seria simples, natural e de interesse de todos que houvesse uma integração, mas raramente é o que se observa na prática. Fatores inter e intra-institucionais colaboram para que as instituições permaneçam fechadas em si mesmas, e há fortes resistências à abertura tanto para outras organizações, como para a comunidade. Nessa medida, o Fórum se colocava como uma possibilidade e um espaço para que essas trocas pudessem ocorrer num ambiente menos contaminado pelo "ranço" institucional.

Em *segundo* lugar, o Fórum procurava sensibilizar os participantes para a importância de se desenvolver um trabalho integrado para o enfrentamento de questões comuns à saúde e à educação. Dentre estas, destacamos: a conscientização da população usuária de seu papel e de seu lugar como cidadãos, tendo em vista que os grupos sociais e economicamente menos favorecidos têm sido, de certa forma, usurpados da consciência de sua importância e de seus direitos sociais; a problemática da violência urbana; os altos níveis de repetência e de fracasso escolar; os problemas decorrentes de uma sexualidade mal trabalhada; o uso de drogas e suas conseqüências. Tendo em vista as dimensões que essas questões assumem no cotidiano dos profissionais de educação e saúde, chagando, muitas vezes, a imobilizá-los, e dada a necessidade de atacá-las multidisciplinarmente, acreditamos que, para que as ações possam ter maior impacto, é necessário que todos analisem os determinantes desses considerados desvios de comportamento e reflitam conjuntamente sobre suas possíveis soluções, cientes de papel que cada um pode e deve representar nesse contexto.

Dada a multiplicidade dos problemas comuns, elegemos iniciar o trabalho atacando mais especificamente o fenômeno do fracasso escolar. Estamos cientes de que, ao voltarmo-nos mais para esse tema, não deixamos de discutir indiretamente os demais, uma vez que seus determinantes acabam também por gerar ou agravar outros problemas de conduta.

Tendo em vista a extensão da área geográfica das instituições presentes no Fórum, acreditávamos que os encontros não poderiam aprofundar certas reflexões. Estas deveriam ocorrer mais amiúde, em grupos menores que atendessem as necessidades específicas de regiões geograficamente mais restritas. Por essa razão, um **terceiro** objetivo do Fórum era fortalecer os trabalhos locais em andamento e estimular o início de novos projetos. Através da troca de experiências, das discussões conjuntas, podíamos também subsidiar e realimentar os trabalhos das microrregiões. Os participantes do Fórum, pelo fato de terem ideais, concepções e propósitos semelhantes, freqüentemente relatavam que ali compadeciam para buscar alimento e energia para o desempenho de suas atividades locais. O leitor pode compreender melhor essa afirmação se tiver em mente o caráter fortemente conservador das instituições que, em geral, apresentam acentuada resistência à mudança e à aceitação de uma nova forma de encará-las.

Nosso *quarto* objetivo era divulgar experiências bem-sucedidas de novas formas de intervenção ou propostas de atuação nas instituições envolvidas. Acreditamos ser importante analisar os erros, porém priorizávamos iniciativas que tivessem tido sucesso para se evitar a tendência a permanecer no imobilismo das queixas e das impossibilidades. As experiências com êxito, além de servirem de modelo, estimulam os demais a também se arriscarem, pesquisarem, inovarem. A própria preparação de cada grupo para apresentar seu trabalho oferecia desafios, que serviam para motivar ainda mais seus integrantes e para fomentar reflexões a respeito do que tinha sido – e podia ainda ser feito.

Em *quinto* lugar, como objetivo mais específico, o Fórum procurava rediscutir o papel dos setores de saúde, educação e bem-estar social diante do fracasso escolar, buscando um novo modelo de atuação que observasse a importância de fatores intra-institucionais na determinação dessa problemática. Em vista disso, procurávamos apontar e discutir as práticas escolares que levavam à exclusão, à marginalização e à segregação de crianças e adolescentes tidos como portadores de problemas de aprendizagem e de comportamento[3] nas instituições educacionais.

---

[33] Entendemos que a maior parte das dificuldades escolares, habitualmente explicadas por profissionais da educação e da saúde como produto da privação ou carência cultural ou de disfunções psiconeurológicas, deva-se muito mais a fatores presentes nas instituições educativas do que a privações na infância, desorganização familiar ou a qualquer outro fator que venha a culpar o aluno ou sua família pelo fracasso na aprendizagem (ver, a esse respeito, Patto, 1991; e Moysés e Collares, 1992).

b) Dos trabalhos locais e nas microrregiões

Como faziam parte do Fórum profissionais provenientes de vários pontos da região Sul do Município de São Paulo, que conta, aproximadamente, com um milhão de habitantes, para que houvesse propostas mais concretas de trabalho, era necessário que se formassem grupos menores com integrantes de equipamentos geograficamente mais próximos, que dessem cobertura a uma região mais delimitada. Seguindo a divisão por áreas de abrangência e de influencia das unidades de saúde, procedeu-se a uma divisão em subgrupos. Chamamos de trabalhos locais aqueles de que participavam a equipe de uma só unidade de saúde e instituições educativas de sua área de influência e de microrregião, os trabalhos de grupos que congregavam profissionais de várias unidades de saúde e de escolas e creches da respectiva região. Os subgrupos mantinham em sua região reuniões mensais ou quinzenais com os objetivos que se seguem.

Em *primeiro* lugar, buscava-se a integração efetiva das instituições que atendiam a mesma área de abrangência. Acreditamos que os contatos freqüentes entre profissionais de diversos equipamentos facilitam a comunicação interinstitucional, a busca de soluções conjuntas, a percepção dos mecanismos e práticas que fazem parte do cotidiano de cada um e que, freqüentemente, não passam pelo crivo de uma análise crítica.

O *segundo* objetivo desses encontros era proceder ao planejamento das ações, estabelecendo prioridades e formas de atuação integrada.

Em *terceiro* lugar, tais grupos objetivavam desenvolver, operacionalizar e aprofundar as propostas desencadeadas no Fórum:

- discutir o papel da escola, creche, do professor, do aluno e da familia.

- trabalhar o relacionamento dentro da escola e desta com a clientela e com a comunidade, com ênfase no vínculo professor-aluno e na relação professor-família.

- refletir sobre o autoconceito do aluno, dos pais e dos professores, enfatizando a importância do desenvolvimento e do resgate da auto-estima;

- trabalhar as questões do rótulo, do estigma e dos preconceitos enraizados nos profissionais, tanto da educação quanto da saúde;

- abrir espaços para a fala da família na instituição;

- desmistificar o papel da equipe de saúde mental, na qual comumente se deposita o encargo de "tratar" as dificuldades de aprendizagem;

- discutir os encaminhamentos ao setor saúde criteriosamente e devolver dados às escolas que as ajudassem em seu procedimento com as crianças atendidas;

- desenvolver um olhar mais sensível e humano para o aluno "problema";

- repensar os conceitos que levam à formação de classes homogêneas (segregação de alunos em grupos, conforme seu nível de desempenho), bem como os critérios de atribuição ou escolha de classes pelos professores;

- discutir a importância do compromisso profissional, de o professor acreditar na própria capacidade de ensinar e na de o aluno aprender.

Cada unidade básica de saúde ou microrregião escolhia seu caminho próprio para discutir esses e outros temas, como o uso de drogas, a violência, o desenvolvimento infantil em seus vários aspectos etc. Cada região, respeitando as características locais, adotava, também, uma estratégia própria de trabalho. Havia, entretanto, em comum os principais objetivos que direcionavam os encontros.

Características gerais dos encontros

Para os primeiros encontros, foram feitos convites por escrito a várias entidades da região, o que ocasionou uma oscilação de participantes, muitos dos quais ignoravam os propósitos do Fórum, fato que dava aos integrantes mais estáveis uma impressão de eterno recomeçar. Para resolver esse problema, optamos, no início de 1995, por fazer grande parte dos convites pessoalmente, para que comparecessem pessoas já familiarizadas com o trabalho, que tivessem disposição para repassar o conteúdo das reuniões em suas instituições. Para garantirmos a presença de escolas e creches, continuamos enviando ofícios de convite para as delegacias de ensino e supervisões do bem-estar social da região.

De março de 1995 a maio de 1996, contávamos com profissionais de cerca de 45 escolas, quatorze unidades de saúde, sete creches, representantes das delegacias de ensino (municipal e estaduais), supervisões regionais do bem-estar social, Conselho Tutelar, de algumas ONGs e de uma associação de moradores.

Os encontros do Fórum tinham freqüência bimestral e a principal temática discutida foram os fatores e condições que desencadeiam o fracasso escolar. A melhor forma para encaminhar os trabalhos foi dividir o encontro em três momentos: uma fase inicial de apresentação de vídeos, leitura de textos, exposição oral de convidados e relato de experiências dos grupos da região; uma etapa de discussões em pequenos grupos orientadas para o tema do dia; um momento final de apresentação em plenária do produto das reflexões dos subgrupos, quando, também, se tiravam propostas para o encontro seguinte. Sintetizamos, a seguir, os principais resultados dessas discussões.

Principais resultados

a) Reflexões em relação ao funcionamento da escola.

A implantação do *ciclo básico*, tanto no Estado quanto na Prefeitura, não trouxe mudanças significativas no ensino, pois os educadores ainda raciocinavam em termos de seriação. Essa mudança não garantiu que os professores pudessem entender um de seus principais objetivos, que é dar um tempo maior para a aprendizagem dos alunos mais lentos. Na prática, ou se adiou a repetência para o final do ciclo ou se criou a subseriação, que consiste em se utilizar de expedientes como formação de turma dos mais fracos, intermediários e mais fortes, ou Ciclo Básico Inicial 1,2 etc.

O *método de ensino* não garante por si a aprendizagem. Apesar das recentes inovações nos métodos e técnicas pedagógicas, observa-se que dentre os fatores que asseguram melhores resultados estão: o compromisso do educador com seu trabalho, sua segurança e satisfação profissional, a convicção de que todo aluno é capaz de aprender, desde que dadas as condições para isso.

A *avaliação* do aluno não é utilizada pela escola para avaliar seu próprio trabalho. Ou seja, os educadores não percebem o quanto a incidência de resultados insatisfatórios ou de repetências é balizadora do trabalho que vêm realizando. Em vez de utilizarem tais parâmetros para rever suas práticas, possuem forte tendência a procurar culpados, que em geral são identificados em fatores pessoais e familiares dos alunos.

Não há uma adequada compreensão do que é e de como deve ser a avaliação do aluno, muito centrada ainda em conceitos quantitativos e comparativos. Avaliam-se mais os resultados do que o processo por que passa o educando e, em geral, com base em trabalhos e provas escritas. A auto-avaliação é desprezada e seu valor para a autopercepção do aluno em relação à sua aprendizagem é ignorado. As formas alternativas de avaliação não são empregadas, o que dificulta que o professor possa identificar e valorizar as diferentes habilidades dos educandos.

Observa-se uma tendência do professor a dar maior atenção aos alunos desde o início considerados mais aptos. As crianças com maior lentidão na aprendizagem, salvo raras exceções, acabam tendo dificuldades crescentes e acumuladas, que, cedo ou tarde, as levam à *exclusão* do sistema escolar. Essa marginalização, por sua vez, leva a uma não-apropriação da cidadania e da possibilidade de participação igualitária na sociedade.

Considerando-se a *valorização que a escola recebe* da comunidade, é importante repensar seu papel, assim como a concepção de educação. Nota-se que, apesar de tudo, os pais valorizam muito a educação formal. Quando a escola reforça a incapacidade dos filhos e a dos próprios pais, pode estar impossibilitando a realização de sonhos e projetos, essenciais para qualquer processo de transformação e evolução.

Por fim, os educadores reconhecem que o *trabalho integrado com a saúde* serviu para denunciar o conformismo da escola. Quando entram na instituição educativa profissionais que podem observar com relativa distância as relações e dinâmicas estabelecidas, percebem melhor onde estão as principais dificuldades e colaboram na análise dos problemas e no encaminhamento de propostas de solução.

b) Reflexões a respeito das relações intra-institucionais e com a comunidade

Constata-se que a escola não está preparada para *receber e acolher* o aluno, nem a sua família. A instituição educativa raramente tem uma preparação especial para a acolhida do aluno. Da mesma forma, os pais são chamados para a escola, em geral, para serem cobrados, ouvirem reclamações a respeito do filho e raramente para serem ouvidos ou para participarem.

RELATO DE EXPERIÊNCIAS

A colaboração e compreensão dos pais é também necessária para o desenvolvimento de propostas e trabalhos alternativos, que enfatizem a humanização das relações interpessoais e o desenvolvimento de habilidades consideradas menos acadêmicas, tendo em vista que, muitas vezes, a própria família acaba cobrando uma postura mais conservadora da escola.

É necessário que a instituição educativa conheça *melhor a criança* que está recebendo – seus interesses, seu modo de vida, seus valores –, para melhor entendê-la e ensiná-la. Parte-se comumente da visão de um aluno abstrato, idealizado, ignorando-se as conjunturas concretas de sua vida e de seu meio social. E, muitas vezes, quando conhecidas, são utilizadas para justificar seu fracasso.

É fundamental desenvolver no aluno um autoconceito positivo e estar voltado para o resgate de sua *auto-estima*. Os alunos que apresentam dificuldades escolares, em geral, já trazem consigo um conceito pobre a respeito de si mesmos. As práticas escolares de exclusão acabam por reforçar esse baixo autoconceito e, conseqüentemente, por acentuar as dificuldades observadas e por colocar obstáculos à sua superação. A esse respeito, devemos lembrar o quanto os pais dos alunos com história de fracasso escolar também se sentem inadequados e o quanto os professores da escola pública de ensino fundamental, por terem passado por anos de desvalorização da profissão, ou pelas más condições de trabalho e de vida a que têm sido submetidos, têm sentimentos de menos-valia. É, portanto, muito importante cuidar também da auto-estima dos pais de alunos e dos educadores.

Deve-se estar sempre atento às *potencialidades* dos alunos, procurando valorizá-las e desenvolvê-las. É ainda freqüente a supervalorização, por parte da escola, das habilidades mais acadêmicas, em detrimento da criatividade, das formas de comunicação e expressão oral, visual, musical e corporal.

Freqüentemente, o professor fica preso à rotina, às atividades em sala de aula, ao lápis e papel, à monotonia das carteiras enfileiradas. É essencial trazer *alegria e prazer* para a escola, assim como utilizar criativamente os recursos e o espaço físico de que ela dispõe.

Deve-se, a todo instante, analisar o *olhar* que se tem *para o aluno e sua família*, procurando uma relação mais humana e solidária. Para isso, é necessário identificar em si mesmo, na equipe da instituição e também nos alunos a tendência a rotular outras pessoas a partir de certos indícios, buscando trabalhar os preconceitos existentes em cada um. Destes, os mais comumente usados para a explicação do fracasso escolar são: distúrbios emocionais, desestruturação familiar, hiperatividade, lentidão e incoordenação motora, rebaixamento intelectual, falta de atenção dos pais, más condições de vida, desnutrição, herança genética e distúrbios neurológicos. É necessário, enfim, passar a acreditar que, apesar desses falsos ou reais problemas, todo aluno é capaz de aprender, desde que o educador acredite nisso e estabeleça com ele um vínculo positivo.

Finalmente, é necessário sempre prestar especial atenção a todos os mecanismos e práticas de exclusão que o sistema impõe tanto ao aluno, quanto ao professor e à comunidade, com os objetivos de identificá-los, de refletir sobre eles e de procurar corrigi-los.

c) Propostas de encaminhamento das questões levantadas

Ao planejarmos os encontros, procuramos estar sempre atentos não só à análise dos problemas, mas também à possibilidade de resolvê-los. Relatamos a seguir algumas das propostas surgidas nas discussões do Fórum.

Propôs-se a formação de *grupos de estudo* na escola, aproveitando os horários de atividades e reuniões. Nas organizações educacionais, surpreendentemente, é raro que se aproveitem os horários reservados para reuniões de equipe para se discutir o que ocorre realmente na instituição, para se estudar, para efetivamente se formar uma equipe.

Para *divulgar* as idéias discutidas e os trabalhos apresentados no Fórum, sugeriu-se aproveitar reuniões de diretores e coordenadores pedagógicos e abrir espaço para a sensibilização de todo o corpo docente.

É necessário *conscientizar* cada segmento da comunidade escolar a respeito de suas responsabilidades. A maioria dos pais e educadores precisa ainda discutir de forma mais aprofundada esse ponto, tendo em vista que – quando se fala de educação – poucos têm clareza em relação ao papel da escola, do aluno e da família.

Deve-se afastar o fator *"culpa"* na análise das dificuldades e problemas encontrados, para que se possa avançar em direção a propostas de ação.

É necessário buscar *mudanças* dentro da escola, programar atividades que os alunos possam realizar com alegria para que aumente sua motivação e, conseqüentemente, sua participação.

É importante trabalhar *projetos* a curto, médio e longo prazos. Tanto para o professor quanto para o aluno é necessário ter sonhos, projetos com metas claras para que se sintam motivados e reanimados, para que possam reavaliar em que direção estão caminhando e dimensionar quanto falta percorrer para atingirem o que pretendem.

Devem-se realizar projetos na escola voltados para o desenvolvimento e resgate da *auto-estima* do professor, do aluno, da família e da comunidade escolar.

É essencial ter um compromisso em relação às propostas para passá-las à ação, *analisar e divulgar as experiências* que tem surgido a partir das reflexões do Fórum, para avaliar seu impacto.

Avaliação do processo e discussão

Nos primeiros encontros, o espaço do Fórum era muito pouco estruturado. Os participantes sabiam que algum resultado poderia sair das discussões, mas não exatamente qual. Apesar de sempre ter havido um núcleo de pessoas que comparecia freqüentemente às reuniões, por interesse pessoal ou por já estarem vinculadas a um trabalho integrado, ocorria, como já dissemos, muita flutuação nas participações: a cada novo encontro cerca de 50% das pessoas estavam vindo pela primeira vez. Nesse período, enfatizou-se a importância de os presentes multiplicarem as discussões em seus locais de trabalho, de tal forma que os novos participantes soubessem do que se tratava o Fórum e pudessem contribuir para aprofundar os debates, ao invés de os reiniciar a cada encontro. Nos últimos encontros, embora se tenha mantido o caráter aberto das reuniões – essencial para que as idéias se divulgassem e se pudesse envolver um maior número de instituições –, o grupo era mais constante e os novos integrantes, mais informados do processo.

No final de 1995, os participantes do encontro – divididos por microrregiões – avaliaram o trabalho até a ocasião e fizeram as seguintes considerações:

1. De um momento inicial de queixas, partiu-se para a busca de soluções.

2. Fez-se o delineamento do perfil dos casos encaminhados às unidades de saúde e da conduta adotada em relação aos mesmos.

3. Definiram-se mais claramente as microrregiões e os trabalhos locais, que cresceram gradativamente.

4. As microrregiões articularam-se melhor, passando a discutir seus problemas específicos.

5. O Fórum passou a ser um espaço gradativamente mais reconhecido, mais consistente e mais bem delineado.

6. Conseguiu-se formar um grupo de trabalho permanente, coordenado pela Profª Marilene Proença de Souza e pela psicóloga Beatriz de Paula Souza, do Instituto de Psicologia da USP. Esse espaço de reflexão possibilitou aos profissionais de saúde desenvolverem seu trabalho com maior conhecimento e segurança.

7. A partir do Fórum, começaram as reuniões mensais de escolas, creches e unidades de saúde que cobriam a mesma área de abrangência, o que permitiu um melhor conhecimento recíproco entre os profissionais de várias instituições e um maior planejamento e organização do trabalho.

8. Reconhecer-se a necessidade de parceria entre saúde, educação, e bem-estar social na identificação e solução de problemas, bem como se constatou a possibilidade de se encaminharem muitas questões em conjunto.

9. Avançou-se muito em termos de trocas de experiências e de sistematização de conhecimentos, o que possibilitou que se passasse da teoria para a prática da sala de aula.

10. Observou-se um envolvimento cada vez maior da equipe técnico-administrativa dos distritos de saúde e delegacias de ensino.

11. O Fórum concretizou-se como uma instância de participação e decisão.

Houve, de 1993 a 1996, um crescimento progressivo e constante dos trabalhos integrados. Algumas regiões tiveram maior dificuldade em se organizar; outras avançaram mais rapidamente no processo. Nem todos os trabalhos tiveram o mesmo êxito por razões diversas, tais como: características dos profissionais e das instituições envolvidas, forma de condução do trabalho, peculiaridades regionais etc. Entretanto, um número cada vez maior de pessoas vinha-se evolvendo na proposta e, com persistência e novas tentativas, vinha-se caminhado em direção a experiências mais bem-sucedidas.

Reconhecemos que esse trabalho, apesar de ter uma relativa magnitude, ocorrendo numa região que abriga mais de um milhão de habitantes, deveria ainda se expandir muito para conseguir maior abrangência.

Estamos cientes, também de que mitos e preconceitos muito arraigados nos profissionais das várias instituições envolvidas necessitam ainda ser rediscutido repetidas vezes. Para se poder atuar sobre eles, é necessário ter maior clareza em relação aos mecanismos escolares de exclusão, que acabam expulsando os alunos da instituição educativa e, como conseqüência, marginalizando-os uma participação no processo social mais conseqüente e efetiva.

Sabemos por fim, que embora a conscientização para a necessidade de modificação de atitudes e práticas escolares seja um passo necessário, apenas uma ação consciente e organizada – que leve à conquista de melhores condições de trabalho e de uma política satisfatória de recursos humanos nos setores de saúde e educação, e a vontade da sociedade e de seus dirigentes de reverterem o quadro atual e de melhorarem a qualidade desses serviços – trará mudanças significativas ao panorama educacional brasileiro.

O Fórum funcionou como importante elemento na geração de idéias, na produção de consistentes trabalhos locais e regionais integrados. Infelizmente, a entrada do PAS no Município de São Paulo rompeu abruptamente o processo demorado de amadurecimento do grupo e do trabalho. Mais do que isso, inviabilizou, esperamos que temporariamente, as ações de saúde que visam a prevenir o adoecimento da população. Esperamos, contudo, que a experiência do Fórum possa servir de modelo para municípios que ainda acreditam que saúde pública é um dever do Estado e que os princípios que semeamos continuem a frutificar naquelas pessoas que os compreenderam e assumiram.

Algumas considerações a respeito da educação especial e da exclusão na escola regular

Após esses três anos de trabalho em conjunto com a educação, pudemos verificar o quanto é lento o processo de internalização de conhecimento que leva à percepção das práticas de exclusão na escola, tanto por parte dos educadores quanto dos profissionais de saúde. Estão tão arraigadas em nós determinadas crenças e explicações errôneas para os chamados "distúrbios de aprendizagem", que cremos serem necessárias continuadas discussões para irmos derrubando esses mitos e preconceitos. Se os psicólogos que atuam junto às escolas têm essas dificuldades, o que não dizer dos profissionais que, trabalhando em seus consultórios, desconhecem os mecanismos intra-escolares que levam ao fracasso escolar?

Gostaríamos de ampliar a discussão das implicações da educação especial para além das classes especiais formais. Observamos que, em maior número que estas, proliferam as classes especiais informais, nas quais se agrupam os multirrepetentes, os indisciplinados, os agressivos, os que não aprendem – todos consideramos portadores de distúrbios de comportamento e de aprendizagem – sem necessidade do aval de um psicólogo.

Acreditamos, com isso, que a mera extinção das classes especiais (assim como ocorreu com ciclo básico, que não levou na prática à extinção da seriação) não garante a eliminação dos mecanismos de exclusão presentes nas instituições educativas. Pelo contrário, sem a necessária conscientização de todos os que são encarregados da educação, haverá uma tendência a se criarem novas práticas de exclusão. Dentre outros, são exemplos dessa forte tendência: a prática de homogeneização das salas de aula (criação de classes fracas, médias e fortes, agrupando alunos segundo seu nível de desempenho) e a exclusão psicológica dos alunos mais lentos (através da formação de fileiras de fracos, médios e fortes, ou de dispor os alunos *fracos* no fundo da sala, ou de ignorar ou de não dar necessária atenção aos mais lentos).

Cremos portanto, que só um trabalho continuado com os profissionais de saúde e de educação e discussões mais aprofundadas sobre a matéria, como as que aconteceram no I Encontro de Educação Especial, promovido pelo Conselho Regional de Psicologia – 6ª Região, podem reverter o quadro atual de exclusão e marginalização dos taxados de menos capazes.

Como sugestão, deixamos a proposta de realização de novos encontros com maior número de relatos de experiências que têm demonstrado a possibilidade de superação das práticas de exclusão, não só em sala de aula, mas também na relação com toda a comunidade escolar, incluindo as famílias dos alunos, que têm sido alijadas do processo educacional.

Bibliografia

MOYSÉS, M.A.; Collares, C.A. "A história não contada dos distúrbios de aprendizagem". Caderno Cedes, v. 28, p. 31-47, 1992.

PATTO, M.H.S. *A produção do fracasso escolar: histórias de submissão e rebeldia*. São Paulo: T.A. Queiroz, 1991.

ANGÚSTIAS DE UMA ALFABETIZADORA EM CLASSE ESPECIAL

CLEUZA BERALDO NORA
PEDAGOGA COM ESPECIALIZAÇÃO EM
DEFICIENTES MENTAIS

Estamos no ano de 1994. É dia de escolha de classe na E.E.P.G. Profª Maria Eugênia Martins. Eu tenho a maior pontuação para a escolha de classe.

Fiz a minha escolha, optei pela classe de deficiente mental. Estou feliz pela escolha.

Iniciei a minha batalha, fui até a secretaria da escola para ver a documentação das crianças, os relatórios etc.

Que horror! Deficiente mental grave tinha três, limítrofe etc. Onze alunos, seis meninos e cinco meninas, quase morri de angústia; e não sabia por onde começar. Todas as vezes que eu olhava os relatórios a angústia aparecia, nunca tinha trabalhado com eles antes.

Eu as conhecia apenas pelos corredores, pátio, pois dou aula nessa escola há nove anos e sempre trabalhei com primeira série, pois gosto muito de alfabetizar.

Como vou ensinar essas crianças? Cada um com problemas tão diferentes do outro?

Um dia após a escolha de classe, iniciaram-se as aulas, eu vou ao pátio da escola para pegar as crianças, pois elas não sabem que sou a professora.

Quando vou chamando pelo nome das crianças, eles vão ficando ao meu lado e fazendo festa, fico feliz pela recepção. Só que as crianças diziam:

Oba! Passamos de ano! Estamos na primeira série! Passamos!

Fiquei sem saber o que responder, levei as crianças para classe e fomos conversar. Fui mostrar a eles que não passaram de ano, e sim eu é que fui dar aula na classe especial. Foi o primeiro choque.

Mas havia várias novidades eu mudei as crianças de sala de aula, mudamos de corredor. Eles gostaram da mudança. Só que essas crianças eram de uma indisciplina muito grande, eles gritavam nos corredores, chutavam as portas das salas de aula, os professores que davam aula ao lado viviam reclamando do barulho.

A primeira atitude que tomei foi guardar as avaliações diagnósticas dessas crianças, porque todas as vezes que eu lia, eu ficava ansiosa e não sabia por onde começar a ensinar.

Depois, comecei a discutir as regras da escola e da classe (direitos e deveres), o respeito por outros colegas, outros professores.

Eles estavam acostumados a ficar em sala de aula trancados à chave.

Eu disse que a porta nunca iria ser fechada durante a aula; e que eles poderiam ir ao banheiro ou beber água quantas vezes quisessem; era só pedir licença.

Eu combinei com os alunos que íamos fazer uma troca de ensino. Eu, professora, vou ensinar vocês a ler e escrever, porque eu sei fazer isso, e vocês vão me ensinar a fazer o que vocês sabem.

Um menino se propôs a me ensinar pião e outro menino ia me ensinar a fazer pipa. Tudo bem, fomos ao pátio da escola para fazer pipa, aprendi rapidinho; no outro dia, fui aprender a rodar pião, foi um fracasso; não consegui, o aluno me deu o pião para levar para casa e treinar.

No dia seguinte, a primeira pergunta em sala de aula foi: "e o pião, já sabe rodar?" Eu disse a eles que não aprendi, mas ia treinar mais vezes.

Os dias foram passando, eu ainda não sabia como iniciar o meu trabalho, eles só queriam brincar, correr; eles não conheciam sequer o alfabeto, só uma aluna escrevia seu nome.

Depois de uns vinte dias, resolvi fazer o que mais sabia, que era "ALFABETIZAR", sem dar importância para aquelas avaliações diagnósticas. E pensei, vou alfabetizar essas crianças e elas vão aprender.

Respeitando o tempo, a capacidade de cada um, sem atropelos, iniciei o trabalho com os nomes deles, com o meu, fixando sempre a letra A, depois B, e assim por diante; foram vários jogos, brincadeiras, com os nomes.

Fiz cartazes com os nomes deles, das mães e pais, cada criança tinha a sua árvore genealógica.

Paralelamente a isso, fui trabalhando recorte, colagem, pesquisas das letras do alfabeto. A alfabetização foi aparecendo.

Dois alunos que faziam o catecismo traziam as orações para eu colocar na lousa; outros traziam músicas. Um dia me pediram para colocar o Hino Nacional. Levei um susto, achei difícil, mas me cobraram várias vezes. Aí resolvi colocar na lousa um verso de cada vez, nós líamos e escrevíamos, e eles circulavam algumas letras, foi um sucesso.

Quando me perguntavam como consegui alfabetizá-los, e que método usei, eu digo:

"É o método AAA, AMOR – AMIZADE – ACONCHEGO, pois se não houver muita paciência, carinho e persistência nós não vamos conseguir nada. Há dias que nos dá desânimo, nos deixa sem força, só mesmo com muita persistência é que chegamos aonde queremos".

O ano de 1994 foi transcorrendo com alguns tropeços mas consegui dar a primeira série.

Em 1995 trabalhei a segunda série com a mesma turma; no mês de agosto, três crianças foram fazer a segunda série em sala de aula "normal", com 35 alunos, com professoras de Português, Matemática, Educação Física e Educação Artística. A adaptação foi ótima, foram bem-recebidas pelas professoras e alunos.

Hoje, essas crianças estão na terceira série e apenas um aluno permanece na segunda série.

No mês de novembro de 1995, fiz uma linda exposição de artesanato durante dois dias. Convidamos todos os alunos da escola, inclusive os do ginásio, todos os professores e pais.

A emoção foi muito grande tanto para mim como para eles. Treinei os meus alunos em como ensinar tudo o que eles aprenderam em artesanato.

Quando as classes vinham nos visitar na exposição, os meus alunos ensinavam as outras crianças a fazer cada brinquedo, tapeçaria, pintura em gesso, etc.

Um professor filmou o evento e eu fotografei os alunos dando aula de artesanato; depois, passamos o filme para a escola toda. As crianças se sentiram muito importantes, pois retomaram a auto-estima. Diziam que iam ser professores de artesanato e que iam vender tudo que fizeram.

No ano de 1996, escolhi outra classe especial com onze crianças. Essas crianças têm uma apatia que me assusta, já sei que preciso despertar o interesse delas para a alfabetização.

É o começar de novo... Mas sei que chego lá!

Edições Loyola

impressão acabamento
rua 1822 n° 347
04216-000 são paulo sp
T 55 11 6914 1922
F 55 11 6163 4275
www.loyola.com.br